AF136605

Johann Weiss

Die musikalischen Instrumente in den heiligen Schriften des Alten Testamentes

Festschrift der K. K. Universität, aus Anlass der Jahresfeier am 15. Nov., 1895

Johann Weiss

Die musikalischen Instrumente in den heiligen Schriften des Alten Testamentes
Festschrift der K. K. Universität, aus Anlass der Jahresfeier am 15. Nov., 1895

ISBN/EAN: 9783743353473

Hergestellt in Europa, USA, Kanada, Australien, Japan

Cover: Foto ©ninafisch / pixelio.de

Manufactured and distributed by brebook publishing software
(www.brebook.com)

Johann Weiss

Die musikalischen Instrumente in den heiligen Schriften des Alten Testamentes

DIE
MUSIKALISCHEN INSTRUMENTE
IN DEN
HEILIGEN SCHRIFTEN
DES
ALTEN TESTAMENTES

VON

DR. JOHANN WEISS,
Ö. O. PROFESSOR DES ALTTESTAMENTLICHEN BIBELSTUDIUMS
AN DER K. K. UNIVERSITÄT IN GRAZ.

FESTSCHRIFT DER K. K. UNIVERSITÄT GRAZ, AUS ANLASS DER
JAHRESFEIER AM 15. NOVEMBER 1895.

GRAZ.
LEUSCHNER & LUBENSKY
UNIVERSITÄTS-BUCHHANDLUNG.
1895.

Die heiligen Schriften des alten Testamentes enthalten in den einzelnen Büchern, insbesondere aber im Buche der Psalmen, eine Menge Ausdrücke, welche zur Musik in unleugbarer Beziehung stehen. Es ist nun nicht meine Absicht, alles das, was von jüdischen oder christlichen Exegeten jemals als musikalische Bezeichnung angesehen wurde, in den Kreis meiner Untersuchung zu ziehen; noch weniger will ich die verunglückten Versuche jener vermehren, die, trotz gänzlichen Mangels historisch beglaubigter Nachrichten, das Tonsystem und die Beschaffenheit der althebräischen Tempelmusik ergründen wollten. Vorliegende Schrift berücksichtiget nur jene Ausdrücke, welche nach Context und Tradition musikalische Instrumente bezeichnen, und versucht deren wahrscheinliche Gestalt und Beschaffenheit, hauptsächlich im Vergleiche mit den diesbezüglichen Denkmälern der ältesten Culturvölker, übersichtlich darzustellen. Ein kurzer Überblick jener Schriftstellen, in denen überhaupt von Musik und deren Gebrauch die Rede ist, möge der Abhandlung vorausgehen. Im Anhange sind einige Abbildungen ägyptischer, assyrischer und griechischer Instrumente beigefügt.

Die Wiederkehr der Jahresfeier der Vervollständigung unserer Universität gibt mir die nächste Veranlassung zur Publicierung nachstehender Schrift.

I.

Auf den ersten Blättern der alttestamentlichen Bücher wird Jubal der Vater, d. h. der Erste, genannt, der kundig war auf Kinnor und Ugab.[1]) Mit Jabal,[2]) dem Begründer des nomadischen Hirtenlebens, scheint er in inniger Lebensgemeinschaft verbunden gewesen zu sein, da beide von derselben Mutter, Ada, abstammten. Von ihrem Vater Lamech stammt das älteste Gedicht, das wir in der Bibel lesen (I. Mos. IV, 23—25). Das Hirten- und Nomadenleben war in jenen ersten Zeiten der Pflege und Ausbildung der Musik ohne Zweifel günstig.[3]) Der einsame Hirte lauschte dem Klange, den der über das geknickte Schilfrohr dahinstreichende Wind oder die straff gespannte Bogensehne beim Abschießen des Pfeiles von sich gab, und versuchte ähnliche Töne durch Blasen einer hohlen Röhre oder durch Zupfen einer gespannten Sehne hervorzubringen.[4]) Ähnliche äußere Veranlassungen mochten die angebornen musikalischen Fähigkeiten des Menschen geweckt haben. Jubal ist der Erfinder der Musikinstrumente insoferne, als er seinen musikalischen Kunsttrieb bethätigte. Wenn die Sagen verschiedener Völker Osiris, Hermes oder Merkur, Kadmus, Amphion, Apollo, Orpheus, Bardus, Thuisko u. a. als Erfinder musikalischer Instrumente nennen, so ist damit nichts anderes gesagt, als dass sich unter den verschiedensten Völkern Auserlesene befanden, welche die Tonerzeugung der Natur ablauschten, oder bereits vorhandene Instrumente verbesserten, neue Erfahrungen und Beobachtungen verwerteten, oder in dem einen oder anderen Instrumente Hervorragendes leisteten. Die Bibel berichtet von dem Kainiten Jubal die erste Ausübung der Musik. Diese Überlieferung

[1]) Gen. IV, 21: יוּבָל הוּא הָיָה אֲבִי כָּל־תֹּפֵשׂ כִּנּוֹר וְעוּגָב.

[2]) Von יבל, wallen (Lex. Mühlau und Volck).

[3]) Auch die heidnische Sage schreibt dem Hirtengotte Pan die Erfindung der Syrinx zu.

[4]) Bei den Griechen sind die Bogenschützen Herakles, Apollo, Alexander-Paris zugleich Lyraspieler.

hat sich, nach Chadrin,[1]) bis heute in Persien und Arabien erhalten, wo die Musiker und Sänger Kaynè, d. h. Nachkommen des Kain genannt werden.

Nach der Sintfluth konnten die bisherigen musikalischen Erfindungen durch die Familie Noahs erhalten bleiben.[2])

In I. Mos. XXXI, 26, 27 wird der Musik unter Umständen Erwähnung gethan, welche bereits auf eine weite Verbreitung und allgemeinen Gebrauch schließen lassen. Der Patriarch Jakob, der Betrügereien Labans überdrüssig, von Missgunst und Neid umgeben, hatte sich mit seinen Frauen, Kindern und Herden heimlich aufgemacht, um in sein Vaterland zurückzukehren. Laban setzte ihm nach und machte ihm wegen seiner heimlichen Flucht Vorwürfe mit folgenden Worten: Warum sagtest du mir nichts? ich hätte dich festlich geleitet mit Liedern (וּבְשִׁירִים) und Pauke (בְּתֹף) und Kinnor (וּבְכִנּוֹר).

Die Heilige Schrift des Alten Testamentes beginnt zwar schon in Genes. XI, 10 ff. die Geschichte jenes Volkes, das zum Träger der göttlichen Offenbarung auserwählt war, hebt aber nur jene Momente hervor, welche zu seinem erhabenen Berufe in irgend einer Beziehung standen. Die Jahrhunderte, welche die Nachkommen Jakobs in Ägypten zubrachten, in welchen sie sich zu einem bedeutenden Volke ausbildeten, boten dem Verfasser für seinen Zweck keinen Stoff und wurden daher mit Stillschweigen übergangen. Dass aber auch in dieser Zeit die Musik geübt wurde, lässt uns nicht nur das in II. Mos. XV angeführte Siegeslied schließen, sondern sagt der Verfasser des Buches der Weisheit XVIII, 9 ausdrücklich: „κρυφῇ γὰρ ἐθυσίαζον ὅσιοι παῖδες ἀγαθῶν . . . πατέρων ἤδη προαναμελπόντων αἴνους“.

Als das Volk Israel nach dem wunderbaren Durchgange durch das Rothe Meer sich seiner Sclavenketten ledig fühlte, da ertönte

[1]) Voyage en Perse. tom. V, p. 69.

[2]) Josephus Flavius hatte sehr wahrscheinlich von einigen assyrischen Keilinschriften Kunde, wenn er in seinem Werke Antiquit. Jud. l. I. c. 2 erzählt, dass die Sethiten die Stern- und Himmelskunde erfunden und diese Erfindungen, um sie der Vergessenheit zu entreißen von Adam war nämlich der Untergang aller Dinge, der theils durch Feuer, theils durch Wasser erfolgen sollte, vorausgesagt , auf zwei Säulen, deren eine aus Thonziegeln, die andere aus Stein war, schrieben. Die steinerne Säule stand, nach der Versicherung Josephs, noch zu seiner Zeit in Syrien. Wenn auch in den Antiquit. Jud. nur von der Überlieferung der Stern- und Himmelskunde die Rede ist, glaubten doch manche (Reimmanni Histor. antidiluvian., Sect. 1, 9, 43. Adam de Fulda), dass sich diese zwei antidiluvianischen Säulen auch auf Musik bezogen hätten.

jenes Dank- und Jubellied, das wohl zu den edelsten und klangvollsten in der ganzen hebräischen Literatur gehört. Sein einfacher Bau, voll Assonanzen und Reimen, eignet sich vorzüglich zu einem Gesange, in welchem eine Solostimme die Thaten besingt, deren Melodie vom Chore aufgenommen und refrainartig wiederholt wird. Für unseren Zweck ist besonders der 20. Vers bemerkenswert, nach welchem Mirjam den Frauenchor anführt, der mit Handpauken und Reigen (בְּתֻפִּים וּבִמְחֹלֹת) dem singenden Männerchore durch Wiederholung der ersten Strophe des Liedes antwortet. Als begleitendes Musikinstrument wird nur תֹּף (Handpauke) erwähnt. Ob unter dem im 2. Verse vorkommenden Ausdruck זִמְרָת[1]) Saitenspiel zu verstehen sei, lässt sich nicht erweisen.

Bei der Gesetzgebung am Berge Sinai (II. Mos. XIX, 16, 19 und XX, 18), sowie bei der Einnahme von Jericho (Jos. VI, 5 ff.), wird שׁוֹפָר[2]) (Schofar), in IV. Mos. X, 1—10 חֲצֹצְרוֹת (Chazozeroth), welche Moses auf Befehl Gottes aus Silber machen muss, erwähnt.

In IV. Mos. XXIX, 1 ist der erste Tag des siebenten Monates als Feiertag eingesetzt und יוֹם תְּרוּעָה (Fest des Blasens) genannt. Wenn wir noch die Verordnungen über das Blasen mit dem Schofar zur Ankündigung des „Hall-Jahres" und des Gesanges am Brunnen (IV. Mos. XXI, 17[3]) gedenken, so haben wir alle wichtigeren Stellen, an welchen im Pentateuche von Musik die Rede ist, angeführt. Es sind nur etwa fünf oder sechs Musikinstrumente, deren in den ersten fünf Büchern des Alten Testamentes Erwähnung geschieht.

Als das israelitische Volk von dem Lande Chanaan Besitz genommen hatte, als allmählich das Staatswesen geordnet wurde, begann auch die musikalische Kunst mehr und mehr zu erblühen. Die folgenden Bücher der Heiligen Schrift zeigen uns, dass die Musik beim Volke Israel sehr geliebt und eifrig geübt wurde. Die Musik durchdrang das ganze Leben des Volkes. Bei häuslichen oder öffentlichen Feierlichkeiten, mochten sie nun freudiger oder trauriger Natur sein, und später insbesondere beim Cultus, durfte Musik nicht fehlen.

Es ist im Buche Richt. V zwar nicht ausdrücklich gesagt,

[1]) Von זָמַר, arab. زمر eigentlich summen, Piel. Die Bedeutung von ψάλλειν, musicieren, singen mit Begleitung eines Saiteninstrumentes.

[2]) In Jos. VI, 5 erscheint שׁוֹפָר, gleichbedeutend mit dem Worte קֶרֶן (Horn) gebraucht.

[3]) Das daselbst gebrauchte Wort עֱנוּ scheint einen Wechselgesang anzudeuten.

dass das Siegeslied der Deborah mit Tanz und Musikbegleitung aufgeführt wurde, allein aus ähnlichen Beschreibungen von Sieges- und Freudenfeiern darf man schließen, dass auch hier, wie bei dem Tanzfeste der Jungfrauen zu Silo (Richt. XXI, 21) wenigstens die Handpauke geschlagen wurde. Der siegreich heimkehrende Jephte wird von einer Schar Jungfrauen, an deren Spitze seine Tochter steht, mit Reigentanz von der תֹּף begleitet, empfangen (Richt. XI, 34). Als David den Philister (Goliath) im Zweikampfe erschlagen hatte, da waren aus allen Städten Israels die Frauen zusammengeströmt, um den kühnen Helden zu feiern durch „Gesänge und Reigentänze“ (I. Sam. XVIII, 6, לָשִׁיר וְהַמְּחֹלוֹת), „mit dem fröhlichen Schalle der Adufen und Schalischim“ (בְּתֻפִּים בְּשִׂמְחָה וּבְשָׁלִשִׁים[1]). Nach Josaphats Errettung von den Ammonitern und Moabitern (II. Chron. XX, 28) zieht der Musikerchor jubelnd in Jerusalem ein zum Hause des Ewigen „cum psalteriis, citheriis et tubis“ (Vulgata).[2]) Bei den Krönungsfeierlichkeiten (I. König. I, 40, 41, wo auch חֲלִלִים [Challilim] genannt werden; II. König. 11, 14 u. a. O.) finden wir die bisher angeführten Instrumente im Gebrauche.

Die Übung der Musik im häuslichen Kreise haben wir bereits in der Geschichte des Patriarchen Jakob gesehen (I. Mos. XXXI, 26). David hatte eine eigene Hofkapelle (II. Sam. 19, 36) von Sängern und Sängerinnen, ebenso Salomo (Ecclesiast. II, 8). Die Musik durfte beim fröhlichen Wohlleben, im guten wie im bösen Sinne, nicht fehlen. Die Kinder der Gottlosen jauchzen beim Klang der Pauke, Kinnor und Ugab (Job XXI, 12). Das üppige Gastmahl ist vom Saitenspiele, vom Schalle der Flöte und Pauke (Jes. V, 12), von heiteren Gesängen begleitet (Amos VI, 5). Der Bräutigam zieht zum Hause der Braut unter Spiel und Gesang (I. Machab. IX, 39). Wenn die Pauke nicht mehr ertönt (Jes. XXIV, 8), wenn die Jünglinge des Saitenspieles vergessen (Klagel. V, 14), dann ist der Fluch über das Land gekommen. Von der Wertschätzung der Musik in der Bibel zeigt das Buch Jesus Sirach XXXII, 7, 8: „Gemula carbunculi in ornamento auri, et comparatio musicorum in convivio vini. Sicut in fabricatione auri signum est smaragdi, sic numerus musicorum in jucundo et moderato vino.“ Wie sehr das Volk Israel die Musik liebte, zeigt uns der 137. Psalm. An den Ufern der Flüsse Babylons, jenseits welcher alles lag, was ihnen einst die Freude des Lebens

[1]) Im folgenden Vers 7 lesen wir abermals, dass die Frauen gegeneinander, also im Wettgesange sangen (וַתַּעֲנֶינָה הַנָּשִׁים).

[2]) Im Urtexte: בִּנְבָלִים וּבְכִנֹּרוֹת וּבַחֲצֹצְרוֹת.

gewesen, hatte sie das Heimweh versammelt. Die traurige Lage machte es ihnen unmöglich, die Harfen zu spielen, aber sie konnten sich doch von ihnen nicht trennen und hängen sie weinend an die Weiden.

Auch von Besänftigung der Gemüthserregung durch die Musik berichtet uns die Heilige Schrift einige Fälle. I. Sam. XVI, 23 erzählt von der düsteren Stimmung Sauls, welche durch das Spiel Davids verscheucht wurde. Ebenso verlangt Elisäus, der durch den Anblick des götzendienerischen Königes Joram aus seiner Fassuug gekommen war, einen Saitenspieler (מְנַגֵּן), der durch sein Spiel das Herz des Propheten wieder frei und hoher Begeisterung und Erleuchtung zugänglich machte. Auch bei Trauerfällen, bei Leichenbegängnissen oder Gedächtnisfeier berühmter Verstorbener scheinen Trauermusik und Klagelieder etwas Gewöhnliches gewesen zu sein. Beim Tode des allverehrten Königes Josias verfasste der Prophet Jeremias Trauerlieder, die von Sängern und Sängerinnen gesungen wurden und, wie aus II. Chron. XXXV, 25 ersichtlich ist, auch bei anderen Trauerfällen abgesungen wurden. Diese Gewohnheit bestätigt auch Jerem. IX, 16. Zur Zeit Christi war Trauermusik bei einem Todesfall etwas ganz Gewöhnliches (Matth. IX, 23). Die wichtigste und wirksamste Einrichtung für die weitere Ausbildung der Musik war die Eingliederung derselben in den liturgischen Gottesdienst. Nachdem derselben durch David im göttlichen Auftrage bei der Feier der Opfer ein gebürender Platz angewiesen war, blieb ihr Aufblühen gesichert. Diese organische Verbindung der Musik mit der Liturgie war verhältnismäßig spät geschehen. Die Thora gibt außer der rituellen Vorschrift über das Blasen der Chazozerot und Schofar keine weiteren Verordnungen über Musik beim Gottesdienste. Allein wenn auch weder bei Errichtung des heiligen Zeltes, bei der Festsetzung der Opfer und des Ceremonialgesetzes, bei der Einweihung des Bundeszeltes, noch bei dem Gottesdienste an der Stiftshütte zu Silo von einer officiellen Betheiligung der Musik die Rede ist, so ist die Meinung doch nicht unbegründet, dass bereits in den frühesten Zeiten bei den religiösen Versammlungen, bei der Opferfeier, insbesondere an den Festtagen, Gesang und Musik in irgend welcher Weise verbunden waren. Wie bereits erwähnt, sangen die Israeliten beim ersten Passahfeste „Lobgesänge der Väter" (Sapient. XVIII, 9). Dies lässt auf eine gewisse Tradition heiliger Gesänge schließen. Ein solches religiöses Lied war das Dank- und Siegeslied am Schilfmeere. Nach I. Chron. XIII, 8 jauchzte David und das ganze Haus Israel vor Jehve mit aller Kraft und mit Gesängen und verschiedenen Instrumenten. Dieselbe Begebenheit wird in ähnlicher Weise II. Sam. IV, 5 erzählt, nur ist der musikalische Ausdruck מְנַעַנְעִים zu bemerken, der nur an dieser Stelle vorkommt. Es mussten also religiöse Gesänge, die zugleich mit Instrumenten begleitet wurden, allgemein bekannt und geübt worden sein. Aber nicht bloß im Stamme Levi, sondern auch in anderen wurde die Musik gepflegt. David war kein Levite und hatte es auf dem Kinnor zur Berühmtheit gebracht. Für die Pflege und Fortbildung der Musik haben aber die sogenannten Prophetenschulen[1]) einen großen Einfluss geübt.

Es ist daher sehr wahrscheinlich, dass schon in sehr früher Zeit der Gottesdienst von Musik begleitet war, wenn auch die heiligen Schriften davon nicht ausdrücklich sprechen.

[1]) Herder (Geist der hebr. Poesie, II. Theil, S. 301 ff.) findet in den Prophetenschulen nur „eine Versammlung junger oder erwachsener Leute, die sich unter Samuels Anweisung in dem übten, was damals zur Nationalklugheit gehörte". Das Hauptgewicht wird wohl auf das religiöse Moment gelegt werden müssen. Die Zeitverhältnisse unter Samuel und später Elia waren in religiöser und auch politischer Hinsicht sehr traurig. „Jeder that, was ihm Recht dünkte" (Richt. XXI, 24). Samuel suchte das tief gesunkene religiöse Leben zu heben; dazu wählte er sich junge Männer, die sein Wort aus ihrer religiösen Gleichgiltigkeit aufgerüttelt hatte, oder die wohl auch von der Macht seiner Persönlichkeit angezogen wurden. In diesen Vereinen mag das Studium des Gesetzes und die praktische Übung desselben den Hauptgegenstand gebildet haben. Die Übung der Ascese ersehen wir aus II. Kön. I, 8; IV, 38; VI, 1. Sie wohnten in einem Hause gemeinschaftlich, begnügten sich mit sehr einfacher Nahrung und Kleidung; wurden von den Propheten auch als Boten benützt, um wichtige Aufträge zu erfüllen (II. Kön. IX, 1). Daher sie der heil. Hieronymus (epist. 4 ad Rusticum monach. c. 7 und epist. 13 ad Paulinum c. 5) mit den Mönchsorden vergleicht, während Vitringa (De Synagoga vet., I, 27), Hering (Schüler der Prophet., Breslau 1777, 31), Herzfeld (Geschichte, II, 45) in denselben Akademien, Tennemann, Meiners, Winer, eine Art Pythagoräer-Gesellschaften, Kranichfeld (De iis, quae in a. T. commemorantur profet. societat. Breslau, 1861) freie Gesellschaften sieht, die sich einen angesehenen Propheten als Vorsteher wählten. Diese Männer waren durch eine derartige Erziehung tauglich gemacht, auf die Masse des Volkes als Lehrer und durch ihr Beispiel als Vorbilder einzuwirken. Auch Elias und Elisäus suchten im Reiche der Zehn Stämme in gleicher Weise den Jehova-Getreuen durch Errichtung der Prophetenschulen eine feste Stütze zu geben. Diese Verbindungen, die in Rama (I. Sam. XIX, 19, 20), Jericho (II. Kön. II, 5), Bethel (II. Kön. II, 3), Galgala (II. Kön. II, 1; IV, 38) ihren Sitz hatten, wurden zu Samuels Zeiten חֶבֶל הַנְּבִיאִים, oder auch לַהֲקַת הַנְּבִיאִים genannt (Samuel heißt נִצָּב עֲלֵיהֶם), während sie zur Zeit Elias בְּנֵי הַנְּבִיאִים heißen. Letzterer Ausdruck zeigt das innige Verhältnis des Propheten zu seinen Schülern. In einem ähnlichen Verhältnisse steht Josua zu Moses. Josua ist nicht der Diener, sondern der stete Begleiter und Schüler Moses (II. Mos. XXXIII, 11).

Von weittragendster Bedeutung für die Entwicklung der Musik war aber — wie bereits bemerkt — die Verwendung derselben beim Cultus als integrierender Bestandtheil.

Da die diesbezüglichen Verordnungen bei der Übertragung der Bundeslade vom Hause Obed-Edoms nach Jerusalem auch später theilweise bestehen blieben, so möge eine kurze Beschreibung dieser großen Feierlichkeit folgen. Nach I. Chron. XV, 16—24 gab David dem Leviterfürsten den Auftrag, aus ihren Brüdern Sänger zu bestellen, die kundig wären, musikalische Instrumente zu spielen. In den Versen 17 und 18 sind die Sänger und Spieler in zwei Ordnungen getheilt aufgeführt. In der ersten werden besonders genannt die drei Kapellmeister: der Kahatite Heman, der Gersonite Asaph und der Meratite Ethan. In der zweiten sind 14 Leviten namentlich aufgeführt. In den Versen 19—21 sind die genannten Leviten nach den In-

---

Unter seiner Leitung bildet er sich zum Feldherrn (II. Mos. XVII, 9), zum Staatsmann und Propheten (IV. Mos. XXVII, 18 ff.; V. Mos. XXXIV, 9: Jos. I, 1. Cfr. Maimonides Vorrede zum Commentar über die Mischna, Erubin fol. 54, 2). Wenn auch die Gabe der Weissagung als gratia gratis data selbstverständlich nicht Gegenstand des Unterrichtes sein konnte, so war doch durch die Bildung des Verstandes, insbesondere aber durch Übungen der Frömmigkeit, manches Mitglied von Gott gewürdigt und gleichsam vorbereitet, zum Prophetenamt berufen zu werden. Allein nicht deshalb hießen diese Vereine Prophetenschulen. Wir müssen das hebräische Wort נבא im weiteren Sinne, von jenen begeisterten Reden und Gesängen nehmen, zu denen das Studium der göttlichen Wissenschaft in natürlicher und übernatürlicher Weise anregte. Heilige Poesie also und die mit ihr auf das innigste verbundene Musik war es, welche diese Schulen eifrigst pflegten. (Cfr. Cornelius a Lapide, Commentar. in I. epistol. ad Corinthios, c. XIV, p. 387.) נבא hat auch die Bedeutung von Lehren, aber wie Michaelis (ad Lowth de poesi s. hebr., p. 353. Ed. Gött.) bemerkt, auch den Begriff carmen modulare. Insbesondere nannte man mit diesem Worte die Dichter geistlicher, religiöser Gesänge, welche zum Lobe Gottes musicierten, so Mirjam (II. Mos. XV, 20), Deborah (Richt. IV, 4), so wird von den 70 Männern in IV. Mos. XI, 25, die in heiligen, gottbegeisterten Reden Gott und seine Werke preisen, gesagt: וַיִּתְנַבְּאוּ. Ebenso stimmen die von Saul dem in die Prophetenschule geflüchteten David nachgesandten Häscher in die heiligen Gesänge der Prophetenschüler (I. Sam. XIX, 20 וַיִּתְנַבְּאוּ) und endlich Saul selbst (I. Sam. XIX, 24 וַיִּתְנַבֵּא גַם־הוּא) ein. I. Chronik XXV, 1—6 kann dieses Wort gar nicht anders als von „musicieren“ verstanden werden, da man doch nicht auf den daselbst aufgezählten Musikinstrumenten weissagen kann!

Gerbert, De cantu et musica, tom. I, l. I, c. I, p. 15, sagt: „Certe vocis נבא usus latissime patet. Apud Hegyptios haec vox sonabat mystam cantorem, hominem fatidicum h. e. divinum, vel ut Apulejus magos vocat divini potentem. Apud Hebraeos נְבִיאִים dicuntur etiam cantores et poetae, qui laudibus decantandis vacant. Quemadmodum eodem vocabulo vates, et qui fundarent carmina et qui praedicerent futura . . .“.

strumenten, die sie spielen, in drei Chöre abgetheilt. Heman, Asaph und Ethan spielen „מְצִלְתַּיִם נְחֹשֶׁת לְהַשְׁמִיעַ“; der zweite Chor umfasst sieben Musiker, die auf den „בִּנְבָלִים עַל־עֲלָמוֹת“ spielen, und endlich sechs Leviten „בְּכִנֹּרוֹת עַל־הַשְּׁמִינִית לְנַצֵּחַ“. Die den einzelnen Chören beigesetzten näheren Bestimmungen werden allgemein im musikalischen Sinne aufgefasst. Heman, Ethan und Asaph spielen die Schlaginstrumente „לְהַשְׁמִיעַ“, um damit „laut, vernehmlich zu tönen“: sie geben den Rhythmus an, und leiten dadurch den Gesang und die Instrumentalmusik, wozu sich die Becken und helltönenden Schlaginstrumente eignen. Die sieben Leviten des zweiten Chores spielen die Nebalim „nach Jungfrauenweise“, nach der „Mädchen Stimme“, das ist Sopran, sie spielen die Melodie; während der dritte Chor „in der Octav“ (all' ottavo basso), der Jungfrauenstimme gegenüber als Männerstimme dieselbe Melodie spielt. Der Ausdruck נַצֵּחַ[1]) kann seiner Grundbedeutung nach sowohl das Dirigieren des Spieles und Gesanges, als auch das Vorspielen und Vorsingen bedeuten. Erstere Bedeutung ist aber an dieser Stelle sowohl des Zusammenhanges wegen, als auch aus dem Grunde ausgeschlossen, weil nach der davidischen Constitution Heman, Asaph und Ethan ausdrücklich als Musik- und Kapellmeister genannt sind.

Vers 24 werden die sieben Priester erwähnt, welche nach dem Gesetze (IV. Mos. X, 1—10) vor der Bundeslade die heiligen Trompeten bliesen.

C. XVI theilt eine Einrichtung mit, die in der Folge bestehen blieb. David bestimmte nämlich Sänger und Musiker, welche den Psalmengesang auszuführen hatten; und zwar sind unter „לְהַזְכִּיר“ jene Psalmen zu verstehen, welche bei der Darbringung der Askara, des Speiseopfers (Levit. II, 2), bestimmt waren (Psalm XXXVIII und LXX), unter „לְהוֹדוֹת“ solche, bei denen die Anrufung und der Dank gegen Gott (Vers 8–36 ist ein solches Danklied mitgetheilt), und unter „לְהַלֵּל“ aber den Lobpreis (das Hallelujah) besonders vorwaltet. Die Verse 37—43 berühren kurz die Vertheilung der Priester und Leviten an den beiden Heiligthümern. Durch die Übertragung der Bundeslade in das neu errichtete Zelt auf dem Berge Sion wurde die alte Cultusstätte beim Brandopferaltare im mosaischen Zelte nicht aufgehoben.

David hatte noch zu seinen Lebzeiten seinen Sohn Salomo

[1]) נצח syr. ܢܨܚ glänzen, metamorph. hervorragen, siegen. Pi. einer Sache vorstehen, darübergesetzt sein, insbesondere der Musik vorstehen, vorspielen (Lex. Mühlau u. Volck, s. h. v.).

zum König ernannt. Um ihm das Reich in geordnetem Zustande zu übergeben, ordnete er nicht nur die verschiedenen Zweige der Reichsverwaltung, sondern stellte auch die Dienstleistungen der Leviten in einer feierlichen Versammlung genau fest.

Nach I. Chron. XXIII, 5 waren von den 38.000 Leviten 4000 auserwählt, „die dem Herrn lobsangen mit Instrumenten, welche ich gemacht hatte zum Lobgesange“ (בַּכֵּלִים אֲשֶׁר עָשִׂיתִי לְהַלֵּל). Sämmtliche Sänger waren, wie die Priester, in 24 Classen eingetheilt. Die nähere Eintheilung berichtet uns I. Chron. XXV. Es wurden zum Dienste die Söhne Asaphs, Hemans und Iduthuns abgesondert, welche von ihren Vätern sowohl im Gesange als auf den verschiedenen Instrumenten wohl geschult waren. Da Asaph vier, Iduthun[1]) sechs, Heman[2]) vierzehn Söhne hatte, so wurden dieselben den 24 Sängerclassen als Directoren vorgesetzt. Nach Vers 7 waren aber 288 Meister (כָּל־הַמֵּבִין), die geübt, gelehrt waren im Gesange (מְלֻמְּדֵי־שִׁיר לַיהוָה) und andere unterrichteten. Es waren demnach den früher genannten 24 Directoren noch je 11 Meister beigegeben, so dass in jeder Classe 12 (מְבִינִים) Kundige waren. Die übrigen waren nach Vers 8 die תַּלְמִידִים, die Schüler. Durch das Los wurde dann die Reihenfolge des amtlichen Dienstes festgestellt. Es wurden den 24 Classen so viele Schüler zugetheilt, dass jede Classe gleich stark war. Die Musikkundigen hatten die Aufgabe, die Schüler einzuüben und zur Mitwirkung im Tempeldienste heranzuziehen und zu verwenden. Es waren daher in jeder Classe 154 Schüler und 12 Meister, im ganzen 166 Mitglieder.

Die drei Oberkapellmeister Asaph, Heman und Iduthun standen (nach Vers 6) demjenigen Chore vor, welchen ihre Kinder leiteten, so dass die ganze Zahl der Sänger und Musiker wieder in drei große Abtheilungen zerfiel. Nach I. Chron. XVI, 7 scheinen die Oberkapellmeister in der Direction abgewechselt zu haben.

David hatte also eigentliche Musikschulen eingerichtet, in welchen die heiligen Gesänge eingeübt, aber auch das Spiel der

---

[1]) Im Texte ist wohl die Zahl „sechs“ genannt, aber nur fünf Namen aufgeführt.

[2]) Vers 5 wurde der Zusatz „לְהָרִים קָרֶן“ sowohl von einigen christlichen, als auch jüdischen Exegeten übersetzt: „um das Horn laut zu blasen“. Allein diese Übersetzung widerspricht dem Zusammenhange, da die Leviten unter Hemans Leitung nicht das Horn zu blasen hatten, dasselbe überhaupt nicht zu den von den Leviten gespielten Instrumenten gehörte, und weil dieser Ausdruck in der Bibel nicht vorkommt als „Horn blasen“, sondern immer in der Bedeutung das „Horn erhöhen“, d. h. jemandens Macht erhöhen, ihn groß machen. Daraus erklärt sich auch, warum hier auch die drei Töchter angeführt sind.

einzelnen Instrumente, welche David zum heiligen Gebrauche auserwählt hatte, gelehrt wurde. Dass nicht alle damals bekannten Instrumente im Heiligthume verwendet wurden, geht schon daraus hervor, dass an den Stellen, wo vom Tempeldiensten die Rede ist, immer nur gewisse Instrumente, wie Nebel, Kinnor und gewisse Schlaginstrumente, ausdrücklich angeführt werden. Da eine reine Instrumentalmusik im Alterthume weder beliebt, noch wegen der Mangelhaftigkeit der Instrumente möglich war, die Instrumente also vorzüglich zur Begleitung des Gesanges dienten, werden wohl alle zu schallkräftigen, dem Gesange hinderlichen Instrumente wenigstens vom Tempeldienste ausgeschlossen gewesen sein.

Der gesammte Sänger- und Instrumentistenchor wirkte bei der feierlichen Einweihung des Salomonischen Tempels mit, wovon II. Chron. V, 12, 13 klare Nachricht gibt.

Davids Einrichtung wurde unter der Regierung gottloser, götzendienerischer Könige bisweilen gestört und zeitweilig unterbrochen, von frommen Königen aber wieder hergestellt. Eine solche Reform nahm Ezechias vor, der seinem bösen Vater Achaz folgte. Nach II. Chron. XXIX, 25—30 werden die Leviten bestellt, dass sie beim Gottesdienste die heiligen Gesänge unter Begleitung der Nebalim, Kinnoroth und Mezilthaim besorgten. Diese Instrumente heißen Vers 26 „כְּלֵי דָוִד“, weil David sie im Auftrage Gottes, der ihm durch die Propheten Gad und Nathan vermittelt wurde, eingeführt hatte. Auch Josias griff bei seiner Reform des Gottesdienstes und der heiligen Musik auf die Verordnungen Davids zurück (II. Chron. XXXV, 15). Nach I. Esdr. II, 41 waren bei der ersten Rückkehr aus Babylon unter Zorobabel nur die Söhne Asaphs, d. h. Mitglieder des Asaphischen Sängerchores, 128 an der Zahl, zurückgekehrt. Im Buche Nehemias XI, 17 sind aber schon die drei Sängerclassen, wie sie von David eingeführt wurden, genannt.[1])

Bei der Einweihung der Grundmauern des zweiten Tempels

[1]) Im I. Esdr. II, 65 werden noch 200 מְשֹׁרְרִים וּמְשֹׁרְרוֹת genannt (cfr. Nehem. VII, 67 und apocryphe III. Esdr., wo 245 angegeben sind, welche Angabe wahrscheinlich durch Verwechslung mit der gleichen Endzahl vom Vers 68 entstanden ist). Da nun in demselben Verse von den Knechten und Mägden der Zurückgekehrten die Rede ist, glaubte Michaelis einen Schreibfehler annehmen zu müssen und proponiert als ursprüngliche Leseart שורים, woraus sich משררים und משררות herausgebildet habe. Bertheau sagt aber ganz richtig, dass allerdings שְׁוָרִים Stiere, leicht in שררות und auch in משררים verwandelt werden konnte. Allein da שור keinen Plural femin. bilde, eine Änderung von פָּרוֹת in משררות doch zu ferne liege, müsse man annehmen, dass ursprünglich im Texte das Wort שׁוֹרים allein gestanden habe und von den Abschreibern in

(I. Esdr. III, 10 ff.) haben die Söhne Asaphs nach der von David eingeführten Weise (עַל יְדֵי דָוִד) den Gesang in Begleitung von Instrumenten besorgt, während die Priester die Trompeten bliesen.

Noch feierlicher gestaltete sich die Einweihung der Mauern Jerusalems (Nehem. XII, 27). Es wurden aus der Umgegend von Jerusalem und auch weiter her „die Kinder der Sänger“, d. h. die Nachkommen der Sängerfamilien, nach Jerusalem berufen. Aus allen wurden zwei große Chöre gebildet, welche unter Begleitung von Mezilthaim, Nebel und Kinnor Dank- (תודות) und Loblieder sangen. Von dem ersten Chore wird Vers 36 abermal bemerkt, dass sie die „כְּלֵי שִׁיר דָוִד“ benützt hätten. Die Schlussverse dieses Capitels 45—47 bemerken, dass der musikalische Gottesdienst nun fortbestand und regelmäßig verwaltet wurde; sowie dass auch das Volk den nöthigen Unterhalt für die Sänger gerne beisteuerte.

Wir haben in den Büchern der Könige, Propheten und Chronik, außer den im Pentateuch genannten, noch folgende Instrumente kennen gelernt: נְבָלִים (Nebalim), חָלִיל (Chalil), dann מְצִלְתַּיִם (Mezilthaim), צֶלְצְלִים (Zelzelim), מְנַעַנְעִים (Mena'anim) und שָׁלִישִׁים (Schalischim).

Bei Daniel III, 5 lesen wir auch noch: מַשְׁרוֹקִיתָא (Maschrokitha), סַבְּכָא (Sabbeka), פְּסַנְתֵּרִין (Pesanterin), סוּמְפֹּנְיָא (Symphonia), קַרְנָא (קֶרֶן Keren) und קַיתְרֹס (קִיתָרֹס) κίθαρα, κίθαρις.

Fast alle Musikinstrumente, mit Ausnahme jener, die sich nur bei Daniel finden (nämlich Maschrokitha, Sabbeka, Symphonia), kommen im Psalterium vor. Einige Ausdrücke, namentlich in den Inschriften der Psalmen, sind zweifelhaft und werden an ihrer Stelle eine Besprechung finden.

משררים verwandelt, und dass משררות als passende Vervollständigung hinzugefügt wurde. Keil hält derartige Einfälle keiner Widerlegung wert. Diese Sänger und Sängerinnen waren sicher nicht zur Besorgung des Gottesdienstes bestimmt, denn sonst müssen sie I. Esdr. II, 41 aufgeführt erscheinen, nicht aber bei den Knechten und Mägden. Wie wir aus II. Sam. XIX, 35 und Eccles. II, 8 u. a. O. ersehen, gab es bei den Israeliten Sänger und Sängerinnen, die bei Gastmählern, Trauerfeierlichkeiten u. s. w. verwendet wurden, die aber mit der Tempelmusik nichts zu thun hatten. Die Rabbiner meinen, dass sich im Gefolge der Zurückkehrenden Sänger und Sängerinnen befanden, „ut reditus Israelitarum laetior esset“.

II.

Wie die orientalischen Völker überhaupt, so besaßen auch die Hebräer einen reichen Apparat an Musikinstrumenten, von denen wir aber in den Büchern des Alten Testamentes fast nichts als den Namen lesen. Kein Schriftsteller aus alter Zeit gibt uns über die Form und Gestalt und Art des Gebrauches der in der Bibel genannten Instrumente sichere Auskunft; auch ist uns kaum ein oder das andere Denkmal erhalten, aus welchem wir über die Beschaffenheit derselben, wenigstens zur Zeit des ersten Tempels, eine unstreitig richtige Anschaunng erhielten. Die Nachrichten späterer jüdischer Schriftsteller sind sehr verdächtig, weil sie in ihrer Pietät für das Heiligthum alles Großartige und Herrliche zurückversetzen, und in den Alterthümern ihres Volkes überall Wunderbares einzumischen pflegen, und zudem Namen älterer Instrumente auf verwandte, aber doch wesentlich verschiedene neuere übertragen.

Wir sind darum in der Untersuchung unserer Frage nach der Gestalt der in der Bibel genannten Instrumente neben den Berichten der Heiligen Schrift hauptsächlich auf die Denkmäler jener Völker angewiesen, mit denen die Israeliten im Verkehre und näherer Beziehung standen, bei denen sie eine Reihe von Jahren zugebracht haben. Wir werden also Rücksicht nehmen müssen auf das, was wir von dieser Kunst bei den Syrern, Ägyptern, Assyrern, Babyloniern und Arabern wissen. Wir werden mit Recht ein besonderes Gewicht legen auf die Übertragung der musikalischen Ausdrücke des Urtextes in den alten Übersetzungen. Unter diesen nimmt den ersten Platz die ehrwürdige LXX ein, nicht bloß ihres Alters und ihrer Genauigkeit wegen, sondern insbesondere deshalb, weil die orientalischen Instrumente nachweisbar sehr frühe in den kleinasiatischen Staaten und von da in Griechenland und noch weiter Verbreitung fanden, so dass wir in dem griechischen Ausdrucke der LXX für die Gestalt manches Instrumentes eine nicht zu unterschätzende Tradition erhalten.

Die ägyptischen, assyrischen, babylonischen Abbildungen von Musikinstrumenten und deren Gebrauch, Aussprüche alter griechischer Musikschriftsteller, wie sie uns in den Fragmenten erhalten sind, bieten dem Historiker und Archäologen einigermaßen eine solide Basis für die Induction, welche allein ihn in seiner Untersuchung leiten können.

Man theilt die Musikinstrumente gewöhnlich ein in Saiten-, Blas- und Schlaginstrumente. Wenn wir sie in derselben Reihenfolge besprechen, so folgen wir der allgemeinen Übung. Der naturgemäßen Erfindung derselben würde die umgekehrte Ordnung mehr entsprechen. Den Naturmenschen regt das rhythmische Element in der Musik zumeist an. Diese Erregung zeigt sich in der stampfenden Tanzbewegung, im taktmäßigen Zusammenschlagen der Hände. Um nun die rhythmischen Accente kräftiger hören zu lassen, greift er zu Klapperhölzern, Handpauken, Trommeln. Gerade diese Instrumente sind bei den rohen und ungebildeten Völkern in ganz besonderer Gunst. Eine weitere Entwicklungsstufe bilden die Blasinstrumente. Ausgehöhlte Röhren, gekrümmte Thierhörner oder Seemuscheln geben beim Hineinblasen Töne, die sich charakteristisch voneinander unterscheiden. Einen höheren Culturgrad setzen aber auch die Saiteninstrumente voraus, deren Entdeckung durch Zupfen gespannter Fäden oder Thiersehnen ermöglicht wurde.

In der Heiligen Schrift wird zwar bloß von der Erfindung des Kinnor und Ugab gesprochen (Gen. IV, 21), welche Instrumente gleichsam als Repräsentanten für Saiten- und Blasinstrumente stehen.[1]) Daraus folgt aber nicht, dass die Erfindung der Schlaginstrumente erst später gemacht wurde. Diese Instrumente waren naturgemäß schon vorhanden, wenn auch ihre Verfertigung aus Metall erst von dem Bruder des Jubal, dem Tubalcain, geschah.

1. Die Saiteninstrumente.

Von den Saiteninstrumenten ist Kinnor das einzige, dessen in der Bibel bis in die Zeiten der Richter Erwähnung geschieht. Von den Büchern Samuels an wird auch der Nebel (נֵבֶל) genannt. Aus den Berichten der Heiligen Schrift über den Gebrauch dieser

---

[1]) Joseph. Flav. (Antiqu. Jud., I, c. 2), Abenezra, Heidegger (ראשי אבות Exercit. VI, p. 215) verstehen unter Kinnor an dieser Stelle überhaupt Instrumente, die durch Vibration der Saiten zum Tönen gebracht werden, ohne auf die charakteristischen Unterschiede Rücksicht zu nehmen, und unter Ugab Blasinstrumente. Letzterer sagt: „Probabile est, Moisen expressis his duobus organis (Kinnor et Ugab), quorum alterum pulsatur, alterum vento impellitur, complexum esse in universum omnia organa musica tum quae pulsantur, quam quae impelluntur vento.“

beiden Instrumente ersieht man, dass sie die Nationalinstrumente Israels waren. In der ältesten Zeit tritt uns dieses Instrument als in Syrien[1]) einheimisch entgegen (I. Mos. XXXI, 27).

Das Wort Kinnor ist wahrscheinlich syrischen Ursprunges, findet sich aber in allen dem Hebräischen verwandten Sprachen. Ohne Zweifel stammt auch das griechische Wort κιννύρα davon ab. Die LXX übersetzen כִּנּוֹר mit κιθάρα und κιννύρα (auch κινύρα geschrieben), und zwar erscheint in den Büchern Samuel, König und Chronik כִּנּוֹר mit κιννύρα, dagegen in den Psalmen, Job, Isaias mit κιθάρα übersetzt. Einmal findet sich das allgemeine Wort ὄργανον[2]), an fünf Stellen ψαλτήριον[3]).

Mit κιθάρα übersetzen Aquila[4]), Symmachus und Theodotion[5]), nie aber gebrauchen sie κιννύρα. An mehreren Stellen haben sie auch ψαλτήριον[6]). Die syrische Übersetzung hat mehrmals ܟܢܪܐ (Kinnor, κιννύρα), bisweilen aber auch ܩܝܬܪܐ (Kithara). Die arabische Übersetzung gibt כִּנּוֹר häufig mit قيثارى (Kisari) oder mit مزمار (Psalterium), einigemale mit طنبور (Tanburu).

Das hebräische Wort נֶבֶל wird in der griechischen Übersetzung der Bücher Samuel, König, Chronik und Machabäer beständig mit νάβλη oder νάβλον gegeben. (Ναύλη ist bloß eine ältere Schreibweise.[7]) Die Übersetzer der Psalmen und Nehemias haben ψαλτήριον, einmal ψαλμός (Ps. LXX, 22).[8])

---

[1]) Die Schriftsteller des Alterthums stellen den Orient als Wiege der Musik hin. So sagt Juvenal (Sat. III.):

> Jam pridem Syrus in Tiberim defluxit Orontes,
> Et linguam et mores, et cum tibicine chordas
> Obliquas, nec non gentilia tympana secum
> Vexit . . .

Auch Livius (l. XXXIX, c. 5) erzählt, dass nach dem Kriege mit Antiochus dem Großen, durch die asiatischen Heere verschiedene neue Instrumente in Rom eingeführt worden seien. (Tunc Psaltriae, Sambucistriae, et convivalia ludorum oblectamenta addita epulis.)

[2]) Psalm CXXXVI, 2.

[3]) Genes. IV, 21; Psalm XLVIII, 5; LXXX, 2; CXLIX. 3; Ezech. XXVI, 13.

[4]) I. Sam. XVI, 23; I. Chron. XXV, 3; Ps. LXX, 22; Ps. LXXX, 3; CXXXVI, 2.

[5]) I. Sam. XVI, 16.

[6]) I. Sam. XVI, 16, Aquila; Ps. XLII, 4; Esdr. XVI, 11, Symmachus; I. Sam. XVI, 23, Theodot.

[7]) V. sub hac voce Hesych.-Alberti.

[8]) Ps. LXXX, 3 ist das hebräische כִּנּוֹר נָעִים עִם־נָבֶל (hebr. Ps. LXXXI) in der griechischen Übersetzung gegeben mit: „Ψαλτήριον τερπνὸν μετὰ κιθάρας". Mit Rücksicht auf die vielen Parallelstellen darf man hier gewiss ein Versehen des Übersetzers annehmen.

Einige Stellen in der Heiligen Schrift scheinen aber den Unterschied zwischen Kinnor und Nebel aufzuheben. Im I. Mach. IV, 54 lesen wir . . . ἐν ᾠδαῖς καὶ κιθάραις καὶ κινύραις καὶ ἐν κυμβάλοις.

Ebenso finden wir im Ps. CXLIX, 3 בְּתֹף וְכִנּוֹר mit ἐν τυμπάνῳ καὶ ψαλτηρίῳ übersetzt.

Da nun das I. Machab.-Buch ursprünglich hebräisch geschrieben war,[1]) so sind die beiden Worte ἐν κιθάραις καὶ κινύραις (I. Machab. IV, 54) offenbar Übersetzung von בִּנְבָלִים und בְּכִנּוֹרוֹת des hebräischen Originales. Es entspricht in unserer Stelle κιθάρα dem Worte נֵבֶל. Dasselbe ergibt sich auch aus Ps. CXLIX, 3, wo כִּנּוֹר übersetzt erscheint mit ψαλτήριον, das in den übrigen Büchern regelmäßig für נֵבֶל steht. Daher vermuthet man,[2]) dass zu der Zeit der Abfassung des I. Mach.-Buches כִּנּוֹר κινύρα für נֵבֶל ψαλτήριον genommen worden sei.

Allein wenn wir die vielen anderen Stellen betrachten, in welchen כִּנּוֹר stets mit κιθάρα (so in den Psalmen XXXII, 3; XLIII, 4; XILIX, 5; LVII, 19; LXXI, 22; XCII, 4; XCVIII, 5; CVIII, 3; CXLVII, 7; CL, 3; Genesis XXXI, 17; Job XXI, 12: XXX, 31; Jes. XXIII, 16) und נֵבֶל mit ψαλτήριον (Ps. XXXII, 2; LVII, 9; LXXI, 22; XCII, 4; CVIII, 3; CXLIV, 9; CL, 3) übersetzt erscheint, so können die wenigen anderen Stellen keine Beweiskraft für das Gegentheil haben. Zudem müssen wir stets im Auge behalten, dass die Übersetzer nicht im Sinne einer Instrumentenkunde schrieben, und daher sehr leicht Unterschiede, die dem Fachmanne wesentlich sind, im gewöhnlichen Sprachgebrauche übersehen konnten.

Noch weniger dürfte aber I. Machab. XIII, 51: ἐν κινύραις καὶ ἐν κυμβάλοις καὶ ἐν νάβλαις für die Identität der κιθάρα und νάβλα angezogen werden. Denn wie wir aus vielen Stellen der Heiligen Schrift ersehen, waren für כִּנּוֹר eben zwei griechische Ausdrücke üblich, nämlich κιθάρα und κινύρα. Wir finden daher an jenen Stellen, wo im hebräischen Texte beide Instrumentenamen verbunden vorkommen (כִּנּוֹר וָנֵבֶל), in der griechischen Übersetzung gewöhnlich die

[1]) Hieronym. Prolog. gal.: Machabaeorum librum primum hebraeicum reperi. Origines (bei Eusebius, Histor. eccl., VI, 25): Ἔξω τούτων (nämlich der canonischen Bücher des A. T.) ἐστὶν τὰ Μακκαβαϊκὰ ἅπερ ἐπιγέγραπται Σαρβὴθ Σαρβανὲ ἔλ = שַׁרְבַּת שַׂר בְּנֵי אֵל = historia principum filiorum Dei, oder wie Ewald weniger gut übersetzt: Geschichte der Fürsten der Söhne Gottes (d. h. Israels). Die Annahme eines hebräischen Urtextes wird durch den Sprachcharakter des uns erhaltenen griechischen Textes sehr bestätigt; über die Hebräismen cf. Cornely tom. II, p. 454. Gerade unsere Stelle beweist dasselbe. Ὠδαῖς ist in den Parallelstellen die Übersetzung von כְּלֵי שִׁיר = ὄργανα τῶν ᾠδῶν und steht also für שִׁיר, das ist der Psalmengesang mit den ihn begleitenden Instrumenten.

[2]) Grim, Kurzgefasstes exeg. Handbuch zu den Apocr., IV, Leipzig 1857.

Ausdrücke κινύρα καὶ νάβλα. So I. Sam. X, 5; II. Sam. VI, 5; I. Chron. XIII, 8; XV, 16, 28; XVI, 5; II. Chron. V, 12; XX, 28; XIX, 25, oder es findet sich κιθάρα καὶ ψαλτήριον, wie im Jes. V, 12 und den oben angeführten Psalmenstellen. In den protocanonischen Büchern des Alten Testamentes findet sich neben κιθάρα nirgends κινύρα erwähnt.

Daher werden auch im I. Mach. IV, 54 den κιθάραι die כִּנּוֹרוֹת, den κινύραι aber die נְבָלִים entsprechen, die an anderen Stellen gewöhnlich νάβλαι oder ψαλτήρια genannt werden. Übrigens halten manche das Wort κιθάραις für eine Glosse, um die weniger bekannten κινύραις zu erklären. — Dass aber unter כִּנּוֹר und נֵבֶל zwei verschiedene Instrumente verstanden werden müssen, geht aus der häufigen Nebeneinanderstellung, sowie namentlich aus I. Chron. XV, 19—21 hervor, wo diese Instrumente zwei verschiedenen Levitenchören zugetheilt erscheinen.

Beide Instrumente dienen nach den Berichten der Heiligen Schrift hauptsächlich zum Begleiten des Gesanges.

I. Sam. X, 5 begegnet Saul einer Schar Prophetenschüler, „und vor ihnen her Nebel, Pauke, Flöte, Kithara, und sie selbst (מִתְנַבְּאִים) sangen dazu gottbegeisterte Lieder". I. Chron. XIII, 8 beschreibt die Musik bei der Überführung der Bundeslade. Sie bestand aus Gesang unter Begleitung der Kinoroth, Nebalim und anderer Instrumente, deren Namen sämmtlich mit der Präposition בְּ (= cum) construiert sind. I. Chron. XV, 16; II. Chron. VII, 6; Amos VI, 5 u. a. a. O. lesen wir den Ausdruck כְּלֵי שִׁיר. Die LXX übersetzt ὄργανα τῶν ᾠδῶν. Es sind also Instrumente zur Begleitung des Gesanges. I. Chron. XVI, 42 scheint anzudeuten, welche Instrumente darunter zu rechnen seien. Es werden nämlich die Chazozeroth und die Mezilthaim ausdrücklich ausgeschlossen von den כְּלֵי שִׁיר. Da nun die heiligen Trompeten nur einen sehr beschränkten Tonumfang, die Schlagwerkzeuge gar nur einen Klang hatten, so dürfte man unter den כְּלֵי שִׁיר am besten solche Instrumente verstehen, welche wegen ihres größeren Tonreichthumes sich der Melodie des Gesanges leichter anschließen konnten. Dazu waren sicherlich Nebel und Kinnor am ehesten zu rechnen, da nach Josephus Flavius l. VII, c. 10 der Nebel mit 12, der Kinnor mit 10 Saiten bespannt war. Übrigens werden II. Chron. IX, 11 und I. Reg. X, 12 „וְכִנֹּרוֹת וּנְבָלִים לַשָּׁרִים" diese beiden Instrumente als für die Sänger gemacht, bezeichnet. Das gleichzeitige Zusammenspielen mit dem Gesange zeigt wohl auch die liturgische Formel הוֹדוּ in Verbindung mit בְּכִנּוֹר בְּנֵבֶל in den Psalmen (XXXIII und anderen) an. Im Psalme XCVIII, 4, 5, 6 wird genau unterschieden zwischen bloßem Gesange, zwischen

Gesang in Verbindung mit Kinnor und Nebel und endlich zwischen dem Geschmetter der Trompeten und Hörner. Jes. XXIII, 16 spielt an auf die Gewohnheit der Bajaderen, welche mit dem Kinnor ihre Lieder begleiteten, um die Aufmerksamkeit zu erregen.

Der Gebrauch beider Instrumente dient durchgehends freudiger und fröhlicher Veranlassung;[1]) niemals werden sie bei Trauerfeiern verwendet. In den bereits erwähnten häuslichen und öffentlichen Feierlichkeiten finden wir beide vereint. Der Kinnor wird ausdrücklich נָעִים (lieblich, Psalm LXXXI, 3), das Spiel desselben מְשׂוֹשׂ (Freude, Jes. XXIV, 8) genannt. Beide Instrumente sind dem heiligen Sänger nothwendig, um seinen gottbegeisterten Gefühlen vollen Ausdruck zu geben. („Exurge Psalterium et Cithara . . .“, Psalm CVII, 3.) Aber nicht bloß bei weltlichen Lustbarkeiten, sondern ganz besonders beim Gottesdienste sind diese Instrumente im Gebrauche. Von David zum heiligen Dienste auserwählt, werden diese כְּלֵי דָוִד bei der nachfolgenden Reformation der liturgischen Musik jedesmal wieder in ihre Rechte eingesetzt.

Nur die Stelle bei Jes. XVI, 11 scheint anzudeuten, dass der Kinnor auch bei Trauerfällen gespielt wurde. Allein bei näherer Betrachtung ersieht man, dass es sich hier nicht um einen Trauergesang zum unvermeidlichen Untergange Moabs handelt, sondern dass der Prophet nur einen Vergleich macht zwischen den vibrierenden Saiten des Kinnor und der inneren Erregung, dem Erzittern seines Herzens.

Calmet[2]) behauptet zwar „κινυρος in graeco triste aliquid et lamentabile sonare“. Diese Ansicht stammt aber aus einer nicht richtig verstandenen Angabe des Hesychius unter dem Worte κινύρα· ὄργανον μουσικὸν. κιθάρα· οἰκτρά. Man hat die zwei letzten, nicht zusammengehörigen Worte verbunden, und die κινύρα als „Trauerinstrument hingestellt.[3]) Wird aber nach κιθάρα ein Punkt gesetzt, wie alle besseren Ausgaben haben, dann ersehen wir, dass Hesychius nur die zwei verschiedenen Bedeutungen desselben Wortes mit verschiedenem Accente angeben will. κινύρα als penultima accentuiert, ist das musikalische Instrument, die κιθάρα; aber als feminin adjectiv

[1]) Cornel. a Lap., In Esdr. V, 12, Comment., p. 91: Citharam et ab Hebraeis et gentibus et Christianis olim in conviviis adhibitam fuisse ad exhilarandos convivas.

[2]) Comment., Tom. IV, p. 57, Ed. Venet. Ebenso Bochard, Haremberg, Miscellan. nov. Lips. IX. Auch Spannheim, Hymn. in Appollin., p. 60.

[3]) Hesych.-Alberti, Not. s. v. κινύρα.

κινυρά mit dem Accent auf der letzten Silbe, heißt οἰκτρά. Suidas[1]) hat οἰκτρὰ gar nicht, sondern sagt κινύρα, ὄργανον μουσικὸν, ἢ κιθάρα.

Die Heilige Schrift gibt uns kein Beispiel, dass Kinnor jemals bei einer Todtenklage oder Trauerfeier angewendet wurde. Davids rührendes Trauerlied beim Tode Sauls und Jonathas (II. Sam. I, 17 ff.) oder Abners (II. Sam. III, 28), Amnons, Absaloms, wird nicht mit dem Kinnor begleitet. Im Gegentheile, der Kinnor verstummt, sobald die Freude gewichen ist (Psalm CXXXVII, 2); im Lande der Verbannung hiengen die Israeliten den Kinnor auf die Weidenbäume und sind nicht imstande, die Wünsche der Babylonier zu erfüllen. Die Propheten (Jes. XXIV, 8; Ezech. XXVI, 13) drohen, dass zur Strafe für die begangenen Sünden und Frevel der Klang des Kinnor nicht mehr werde gehört werden.

Von beiden Instrumenten erscheint der Kinnor viel häufiger und allgemeiner im Gebrauche als der Nebel. Er ist uralt und wird schon I. Mos. IV, 21 erwähnt, er scheint zu den Zeiten der Patriarchen bei Familienfesten als das gewöhnliche Instrument (I. Mos. XXXI, 27), es bedient sich desselben der Hirte (I. Sam. XVI, 16), er wird von Frauen gespielt (Jes. XXIII, 16), er fehlt nicht beim fröhlichen Gelage sowie bei öffentlichen Volksfesten (Job XXI, 12), bei Sieges- und Krönungsfeiern. David spielt auf demselben vor dem König und ist wie Iduthun darauf Meister. Auch beim Gottesdienst erscheint er nicht nur im Vereine mit Nebel bei Lob-, Dank- und Preisgesängen, sondern wird auch allein gespielt zur Begleitung didaktischer Lieder (Psalm XLIX, 5). Auch der Nebel kommt hie und da allein vor (Psalm CXLIV, 9; Jes. XIV, 11; Amos VI, 5), aber meist in Verbindung mit Kinnor und anderen Instrumenten. Die Heilige Schrift lässt aber im Gebrauche des Nebel einen bedeutenden Unterschied erkennen. Er wird nicht von Frauen, überhaupt nicht von gewöhnlichen Menschen, nicht in lärmender, lustiger Gesellschaft gespielt; und wenn letzteres hie und da geschieht, so wird es, wie bei Amos VI, 5, geradezu als eine Entweihung verurtheilt. Um so häufiger ist er beim Gottesdienste verwendet.

Das Verhältnis zwischen Kinnor und Nebel bei den Hebräern ist sehr ähnlich dem zwischen Lyra und Kithara bei den Griechen. „Ersteres ist schlechthin das vulgäre Saiteninstrument, erscheint bei Festen aller Art, bei Gelagen, ertönt zum gymnastischen Kampfe, erscheint in den Händen der Heroen, wie des Achilles und Paris, und wird häufig von Weibern gespielt. Aber es ist auch das In-

[1]) V. s. h. voce.

strument der Künstler vom Fach, denn Orpheus, Musäus, Tamyris, Olympos erscheinen fast stets mit der Lyra, ebenso findet sie sich in den Händen der Götter. Apollo trägt zwar als argonistischer Kitharode die Kithara, aber sonst führt er häufig genug die Lyra. Satyren, Bacchanten, wie die Musen, spielen gewöhnlich auf der Lyra, seltener auf der Kithara. Die Lyra dient also im Gegensatze der Kithara zwar auch dem Profanen, aber sie ist keineswegs von dem Heiligen ausgeschlossen. Die Kithara ist aber nur für den heiligen Agon bestimmt, sie ist das den Nomos des Kitharoden begleitende Instrument." [1])

Aus gewissen Stellen der Heiligen Schrift glaubte man[2]) schließen zu dürfen, dass David auch einige Instrumente erfunden habe. I. Chron. XXIII, 5 erzählt nämlich, dass David 4000 Sänger bestellte, „um den Herrn zu preisen auf Instrumenten, welche ich gemacht habe" (בַּכֵּלִים אֲשֶׁר עָשִׂיתִי לְהַלֵּל). Ferner beruft man sich auch auf II. Chron. VII, 6, wo von der Musik bei der Weihe des salomonischen Tempels die Rede ist. Die Leviten spielten (בִּכְלֵי־שִׁיר) ἐν ὀργάνοις ᾠδῶν, welche David, der König, gemacht hatte (אֲשֶׁר עָשָׂה דָוִיד הַמֶּלֶךְ); ebenso auf Amos VI, 5: „Wie David ersinnen sie sich Gesanginstrumente (כְּלֵי־שִׁיר). Allein die ersten zwei Stellen müssen nicht so verstanden werden, dass David erst die beim Gottesdienste gebräuchlichen Instrumente erfunden habe, sondern vielmehr, dass er sie auserwählte, um die beim liturgischen Gottesdienste vorzutragenden Psalmen und heiligen Lieder zu begleiten. Die Stelle bei Amos VI, 5 gibt Riehm[3]): „Wie David erachten sie für sich die Gesanginstrumente", d. h. sie sollen ihnen ebenso dienen, wie dem David. Wohl aber ist anzunehmen, dass David die bereits vorhandenen Instrumente verbessert hat, wie auch der heil. Basilius meint[4]): „Licet organum Psalterii antea quoque fuerit, iners tamen et vulgare erat, et tantum in pastu gregum illo psallebatur. At David hoc elegantius instruit, usumque illius Deo aptavit."

Es ist eine spätere Tradition, welche dem großen König und Organisator der Tempelmusik auch die Erfindung der Musikinstrumente zugeschrieben hat. Diese Tradition findet sich auch im apokryphen Psalm 151, wo David sich rühmt: „αἱ χεῖρές μου ἥρμοσαν ὄργανον, καὶ οἱ δάκτυλοί μου ἥρμοσαν ψαλτήριον". Nach Josephus Flavius[5])

[1]) Westphal, Geschichte der alten und mittelalterl. Musik.
[2]) Ravanelle unter dem Worte „Musica", num. III, p. 215.
[3]) Handwörterb. der bibl. Alterthümer, II, p. 1030.
[4]) Tom. III, op. in Praefat., p. 4.
[5]) Antiqu. Jud., l. VII, 12, 3.

verfasste David nach allen überstandenen Kriegen und Gefahren „Gott zu Ehren geistliche Lieder und Gesänge von verschiedenem Metrum; die einen waren in Trimetern, die anderen in Pentametern abgefasst. Auch ließ er musikalische Instrumente verfertigen und lehrte die Leviten, an allen Sabbathen und Festtagen zum Lobe Gottes darauf zu spielen und zu singen.“

Bei Beurtheilung eines Instrumentes ist die Kenntnis des Materiales, aus welchem dasselbe gemacht wird, von Wichtigkeit, da die Schallkraft vielfach davon abhängt. Darüber gibt uns II. Sam. VI, 5 Aufschluss: בְּכֹל עֲצֵי בְרוֹשִׁים וּבְכִנֹּרוֹת וּבִנְבָלִים (Vulg.: „In omnibus lignis fabrefactis et citharis et lyris“). Wenn diese Leseart richtig ist,[1]) so bezeichnet עֲצֵי בְרוֹשִׁים das Material, aus welchem Kinnor und Nebel gemacht wurden. Die Vulgata übersetzt בְּרוֹשִׁים meist mit abies[2]), Josephus Flavius[3]), die LXX und syrische Übersetzung an mehreren Stellen mit Cypresse[4]). P. Malvenda[5]) führt als verschiedene Übersetzungen an: eine Cedernart, Esche und Buchsholz. An die Tanne wird unter בְּרוֹשׁ kaum zu denken sein, weil dieselbe in heißeren Mittelmeerländern nicht vorkommt. Nach der Überlieferung ist die Cypresse vorzuziehen, zudem sich dieser Baum neben der Ceder auf dem Libanon sehr häufig findet.[6])

Zur Zeit Salomos wurden diese Instrumente aber aus sehr kostbarem Holze gemacht, welches nach II. Chron. IX, 11 bisher in Palästina nicht gesehen war, nämlich aus Almuggim. Dieses Almuggim (אַלְמֻגִּים) genannte Holz — in II. Chron. II, 7 offenbar infolge Umstellung des Consonanten Algummim (אַלְגוּמִּים) geschrieben — brachte nach I. Kön. X, 11 die Flotte Hirams aus Ophir nebst Gold und Edelstein. Hinsichtlich der Bedeutung und des Ursprunges dieses

---

[1]) In I. Chron. XIII, 8, wo dasselbe Factum erzählt wird, findet sich die Leseart בְּכֹל עֹז וּבְשִׁירִים „mit aller Macht und Gesängen“. Diese Leseart ist vorzuziehen und dürfte II. Sam. VI, 5 aus dieser Leseart verschrieben worden sein. Die LXX hat aber beide Lesearten verbunden.

[2]) Z. B. III. Reg. V, 8, 10; VI, 15, 34 u. a. O.

[3]) Antiqu. Jud., l. VIII, 2, 7, Brief Hirams an Salomo.

[4]) Im Aramäischen entspricht بروتا ܨܡܘܢ (bei Saadia) (Lex. Mühlau u. Volck).

[5]) „In omnibus lignis Beroschim. Notant ‚Berosch‘ esse cedri speciem, ex qua hastae, telae, cistae et instrumenta musica vetustas conficiebat. Arbitrantur esse arborem, quam Latini mutuato ab Hebraeis nomine fraxinum vocant. Noster ‚abietem‘ vertere solet: non desunt, qui buxum putent. Ergo hic exponunt: in omnibus instrumentis fraxinorum, i. e. in omnibus instrumentis fabrefactis ex fraxino vel abiete, vel buxo.“

[6]) Riehm, Handwörterb. der bibl. Alterth., I, p. 204.

Wortes sagt Keil[1]: „אַלְמֻגּ" oder אַלְגּוּם ist nach Kimchi (zu II. Chron. II, 7) arbor rubri coloris dicta lingua arabica „albakam" (البقم) vulgo brasilica. Nach Abulfadl (bei Celsius Hierob. I, p. 176) ist dieser Baum in Indien und Äthiopien einheimisch und es ist zweifelhaft, ob darunter Pterocarpus Santal. zu verstehen ist, von dem das echte Sandelkolz kommt, und der nur in Ostindien, auf Malabar und Java wachsen soll, oder die Caesalpinia Sappar L., ein in Ostindien, besonders auf Ceylon, aber auch in verschiedenen Gegenden Afrikas wachsender Baum, dessen rothes Holz in Europa vorzüglich zum Färben verwendet wird.

Den hebräischen Namen leiten manche von dem sanskrit. Valgu, d. h. pulcher (Lass. Phitt.), ab, was aber schon von Gesenius als unzutreffend abgelehnt und dafür auf mocha, mochâta hingewiesen wird, das im Sanskrit Sandelholz bezeichnen soll.

Diese Ableitung ist aber auch nicht richtig. Denn das Wort motscha, motschata (nicht mocha, mochâta) bedeutet im Sanskrit nicht Sandelholz, sondern verschiedene andere Pflanzen. Sandelholz heißt vielmehr Tschandana, wovon auch Sandel abgeleitet ist. Ein anderes Wort für Sandelholz ist malayaja (malajadscha), was eigentlich heißt „auf dem Malajagebirge (in Malabar) gewachsen". Ist vielleicht das hebräische Almuggim durch Umstellung der Buchstaben (wie es bei fremden Worten öfters vorkommt) des Wortes Malayaja in volksthümlicher Aussprache entstanden? Wenn wirklich Sandelholz gemeint ist, so wird man besser an das rothe denken. Die Vulgata hat ligna thyina (III. Reg. X, 11).[2]) Auch in der Apokalypse XVIII, 12 lesen wir unter anderen Kostbarkeiten ξύλον θύϊνον, wohl wegen des Wohlgeruches, den dasselbe verbreitete. Die LXX gibt die Übersetzung mit ξύλα πεύκινα (Fichtenholz).

[1]) Keil, Bibl. Comment. zu I. Kön. IX, 26, p. 115.

[2]) Tyrinus ad III. Reg. X, 11. „Ligna thyina i. e. odorata et ad suave suffimentum idonea, a verbo graeco θύω, quod suffire significat: talia enim ligna etiam hodie ex orientali India a Lusitanis plurima comportantur. Ribera (in Apocalyps. XVIII) vult ex arbore thya, quae incorrupta et similis est cypresso nomen hoc derivatum. Chaldaeus cum Rabbinis vertit: corralium. LXX tinum alii obenum putant. Quidam ex Hebraeis lignum brasilicum, ebeno splendidius. Unde nihil certi hic, nisi hoc unum. citharas inde et Psalteria seu Nablia et graduum investitione confectos fuisse, quod corallio non convenit. Certum item, non fuisse lignum Judaeis antea visum seu notum. Et hoc de pino affirmari non potest." Almug bezeichnet in der Mischna die Korallen, wahrscheinlich die rothen Edelkorallen. D. Kimchi aber verbesserte diese Erklärung dahin. dass er sagte, es sei das Holz des rothen Baumes arab. al bakkam, gewöhnlich bresili genannt, zu verstehen.

Josephus Flavius[1]) sagt, dass die Nabla und Kinnor aus Elektron verfertigt worden seien: „. . . νάβλας καὶ κιννύρας ἐξ ἠλέκτρου κατεσκεύασε (Σαλομών) τετρακισμυρίας . . .". Elektron ist ein Ausdruck, der bei den Alten ein gemischtes Metall bezeichnet, das aus Gold und Silber bestand; später war dieser auch der Name des gelben Bernsteines. Die Verbreitung des gelben Bernsteines ist uralt; denn in alten Gräbern (um das Jahr 2000 v. C. in Mykenae) fanden sich große Mengen von Bernstein-Perlen. Ob nun das Elektron bei Homer als Bernstein zu nehmen ist, lässt sich kaum entscheiden. Die meisten nehmen dasselbe als Metallcomposition. Aber jedenfalls bildete dieses Metall nicht den Corpus des Saiteninstrumentes, noch weniger der Bernstein. Wir werden uns dies Elektron vielmehr als Verzierung am Corpus des Instrumentes zu denken haben, ähnlich wie bei der griechischen Kithara. Beim Übergange aus dem eigentlichen Gehäuse zu den Seitenarmen hat die Kithara runde Formen, und in der inneren Windung der Arme wurden gerne Zieraten angebracht, welche bei manchem Instrumente aus Gold und Edelsteinen bestanden. Lukian[2]) erzählt von einem gewissen Euangelos, dass er bei den pythischen Wettkämpfen mit einer Kithara aufgetreten sei, welche mit Gold und bunten Perlen und geschnittenen Steinen geschmückt war. Wenn Aristophanes[3]) zu seinem alternden Collegen Kratinos sagt, dass der Bernstein ihm herausgefallen, kein Ton mehr in seiner Kithara sei und die Fugen weit klaffen, hat er in diesem Gleichnisse, das von der Kithara hergenommen ist, bezeugt, dass man auch mit Bernstein das Instrument verzierte, der aber herausgefallen ist, weil das Gestell schon zu alt war und klaffte.

Metallsaiten scheinen im Alterthume unbekannt gewesen zu sein, wenigstens berichtet uns kein Schriftsteller davon. Pollux IV, 62 erwähnt außer dem Worte τόνος, das zugleich Spannung und Ton bedeutet, noch νεῦρα, χορδαί, λίνα, μίτοι. Die Benützung von Pflanzenfasern als Saiten ist nichts Ungewöhnliches. Das Annuaire des Brüsseler Conservatoriums 1878 S. 144 berichtet, dass manche wilden Völker im Inneren von Afrika Lianenarten zu diesem Zwecke benützen. Im Jahresberichte von 1881 S. 124 werden Saiten von Bast und anderen vegetabilischen Stoffen erwähnt. Auch wir benützen die Seide auf der Violine als E-Saite. Einer der ältesten Stoffe

[1]) Antiqu. Jud., l. VIII, 2.

[2]) „Gegen die Ungebildeten", 8.

[3]) Aristophanes, Ritter, 532: Ἐκπιπτουσῶν τῶν ἠλέκτρων καὶ τοῦ τόνου οὐκ ἔτ' ἐνόντος τῶν θ' ἁρμονιῶν διαχασκουσῶν.

welche benutzt wurden, sind wohl die Därme von Thieren. Schon in der Odyssee 21, 407 lesen wir von Schafdärmen, die als Saiten benutzt wurden. Ebenso steht fest, dass Sehnen gebraucht wurden. Suidas gedenkt derselben in seiner Ableitung des Wortes κινύρα, (die allerdings nicht richtig ist): κινύρα, ὄργανον μουσικὸν ἢ κιθάρα, ἀπὸ τοῦ κινεῖν τὰ νεῦρα[1]).

In der Heiligen Schrift finden wir als Bezeichnung der Saiten das Wort מִנִּים, und zwar im CL. Palm, Vers 4, in Verbindung mit Ugab (עֻגָב) (הַלְלוּהוּ בְּמִנִּים וְעֻגָב). Die arabische Übersetzung, sowie Aquila und LXX (αἰνεῖτε αὐτὸν ἐν χορδαῖς καὶ ὀργάνῳ) geben das Wort mit „Saite". Der Sänger fordert auf, Gott zu loben wegen seiner Größe und unendlichen Macht mit Posaunenschall, mit Nebel und Kinnor, mit Pauken und Chören, mit wohl- und hellklingenden Cymbeln, und endlich alle Instrumente zusammenfassend, „mit Saiten und dem Hauche, d. h. mit Saiten- und Blasinstrumenten. Delitsch (Commentar zu den Psalmen) u. A. glauben auch im Psalm XLV, 9, in מִנִּי den apocopierten Plural von מִנִּים zu finden; dem Sinne der Stelle würde es vollkommen entsprechen.

a) Kinnor (כִּנּוֹר).

Da unter den hebräischen Alterthümern weder ein Bild, noch irgend eine Sculptur des alten biblischen Kinnor erhalten ist, in der Heiligen Schrift selbst außer dem Namen und Gebrauche keine näheren Bemerkungen vorkommen, welche auf die Form schließen ließen, so ist es klar, dass die Versuche, die Gestalt des Kinnor zu erklären, sehr weit auseinander giengen.

Pfeiffer[2]) glaubt in seiner sehr verdienstvollen Arbeit, die Sage von der Erfindung der Lyra auch auf Kinnor anwenden zu dürfen, und stellt sich daher letzteren als ein Instrument mit einem Schallkasten vor, über welchen Saiten gezogen sind. Dasselbe könnte dann auch die Form unserer Cither gehabt haben. Da jedoch die arabische Übersetzung in der Londoner Polyglotte mehrmals den Ausdruck طُنْبُور (Tanburu) für Kinnor gebraucht, und Gollius[3]) dieses Wort erklärt als: „Cithara, quae oblongiore collo, rotundo ventre, fidibus

[1]) Anthologie, IX, 584: Αἱ νευραὶ oder τὰ νεῦρα· Porphyr. zu Ptolom. Harmon., p. 294: Δύο χορδὰς ἐκ νεύρων πεποιημένας ἢ ἐντέρων. Philostratos d. Ältere I, 10: . . . νευραὶ δὲ τὰ μὲν ἐπὶ τῇ μαγάδι πρόκεινται.

[2]) Aug. Friedr. Pfeiffer, der orient. Sprachen öffentl. ordentl. Lehrer zu Erlangen: Über die Musik der Hebräer. Erlangen bei Wolfgang Walther 1779.

[3]) Arab. Wörterb. s. h. voce.

aeneis plectro pulsatur“ (also das bei den Arabern heute noch Tunbur[1]) oder Tinbar mit 2—5 Metallsaiten bezogene Instrument), so glaubte er ein Saiteninstrument mit einem Halse als Griffbrett, ähnlich unserer Violine oder Guitarre (mit Rücksicht auf κιθάρα), annehmen zu dürfen.

Mit Pfeiffer stimmt Wetzstein[2]) insoferne überein, als er die arabische Übersetzung des Wortes כִּנּוֹר mit العود (el-ʿeûd), aus welchem unser Wort „Laute“ stammt, betont. Dieses Instrument wurde unter den abbasidischen Chalifen el Mehădî um das Jahr 780 n. Chr. durch den Odendichter ʿAli-ibn Nafiʿ Zirjâb von Bagdad nach Spanien gebracht, von wo es sich unter dem Namen laud (span.), luth (franz.), liuto (ital.) und lûte (mittelhochd.) in Europa verbreitete. Die Laute hat mit der Guitarre viel Ähnlichkeit, nur übertrifft sie letztere an Klangwirkung bedeutend; denn mit Ausnahme der höchsten oder der zwei höchsten Saiten war sie doppelchörig, und der Resonanzboden war an der Rückseite kürbisförmig gebogen, daher räumlich viel ausgedehnter als die Guitarre. Die Anzahl der Saitenchöre wechselte. Praetorius berichtet, dass dieselbe vor dem XV. Jahrhundert nur 4, später 5 betrug, zur Zeit Virdungs auf 7 vorgeschritten war. Sämmtliche Chöre bestanden aus Darmsaiten. Mit Draht überspannte Saiten kommen erst im Laufe des XVII. Jahrhundertes in Gebrauch.[3]) Das Griffbrett war mit sogenannten Bunden, in Halbtöne abgetheilt, versehen, deren Anzahl in Deutschland auf 8—9 beschränkt, in Italien zu Anfang des XVI. Jahrhundertes bis auf 12 erhöht wurde. Der Spieler brauchte daher nur ganz mechanisch nach den Bunden zu greifen, um das auf der Lautentabulatur Geschriebene auszuführen.[4])

[1]) Die Neugriechen nennen dieses Instrument Icitali und Sewuri. Das arabische Tunbur oder Danbur ist möglicherweise durch Versetzung der Buchstaben aus Pandura entstanden, von welchem Pollux sagt, dass es ein dreiseitiges Instrument sei, welches die Assyrer Pandura nennen, welches aber von den Syrern erfunden worden sei. Martin Capella schreibt die Erfindung den Ägyptern zu.

[2]) Excurs in Delitschs Comment. zum Prophet. Jesaias, p. 704 ff.

[3]) Jean Rousseau in seinem „Traité de la viole“ (Paris 1687) sagt, dass die besponnenen Saiten durch Sainte-Columbe, welcher in der zweiten Hälfte des XVII. Jahrh. lebte, zuerst in Frankreich eingeführt worden sei. Fetis behauptet, dass ein Schüler Sainte-Columbes, nämlich Marin Marais, der Erfinder der besponnenen Saiten gewesen sei.

[4]) Bei der Lautentabulatur, d. h. der Lauten-Musikschrift konnte man an nichts anderes denken, als nur an gewisse Fingersätze der linken Hand; denn die in der Tabulatur befindlichen Buchstaben oder Zahlen bedeuten nicht sowohl den Ton als vielmehr Griffe.

Sowie nun die Saitenanzahl der Laute zu verschiedener Zeit verschieden war, fährt Wetzstein fort, so könnte es auch beim Kinnor gewesen sein. Hatte er zu Josephs[1]) Zeit 10 Saiten, so zu Davids Zeit wahrscheinlich weniger. In Syrien und Ägypten ist das el-ʿeûd ein sehr angesehenes und auch bei den Vornehmen beliebtes Instrument.

Während die einen im Kinnor ein lauten- oder guitarrenartiges Instrument sehen, finden sich unter den neueren Musikhistorikern mehrere, welche ihm die Gestalt einer Harfe geben.

Ambros[2]) hält das in der Heiligen Schrift so oft genannte Instrument, das David vor Saul spielte, das die trauernden Juden an den Weiden der Flüsse Babylons hiengen, für jene kleine, leicht tragbare und bequem aufzuhängende dreieckige Harfe, „wie sie etwa 200 Jahre vor dem Einzuge Israels in Ägypten gebräuchlich war, und unter dem die Gestalt deutlich bezeichnenden Namen ‚Trigonon' vermuthlich von phönizischen Kypern, von Kittion und Hemath, nach Griechenland kam".

Auch Fetis[3]) tritt für das Trigonon ein. Dasselbe sei nach Athenäus[4]) und Juvenal[5]) eine syrische Erfindung gewesen. Die Israeliten hätten durch ihren Stammvater Jakob zuerst mit den Syrern (Laban und dessen Familie) nähere Verbindung gehabt. Bei diesen sei der Kinnor im häuslichen Kreise sehr bekannt gewesen. So sei dies Instrument auch bei den Nachkommen Jakobs eingebürgert worden, das sie auch in Ägypten wieder vorgefunden hätten. Von den ägyptischen Priestern berichte auch Diodor von Sicilien, dass sie bei Festen und Gastmählern eine dreieckige, mit neun Saiten bespannte Harfe gebraucht hätten. Wilkinson hat in Theben eine derartige neunsaitige Harfe gefunden.

Schilte Haggiborim[6]) hingegen beschreibt den Kinnor als eine große Harfe mit 47 Saiten: Kinnor italice Arpa, et est instrumentum ligneum, confectum ad similitudinem portae apertae ad eius latitudinem, cui superius non sunt ostia; et eius latus superius est latum, et inferius angustum, eo quod duo postes se inclinant alter

1) Antiqu. Jud., l. VII, 10, "Η μὲν κινύρα, δέκα χορδαῖς ἐξημμένη, τύπτεται πλήκτρῳ.

2) Geschichte der Musik, I. Bd., p. 205.

3) Histoire generale de la Musique, tom. I, p. 384.

4) Athenaeus, l. IV, p. 175: Καὶ τὸ τρίγωνον δὲ καλούμενον ὄργανον, Ἰόβας ἐν τετάρτῳ Θεατρικῆς ἱστορίας, Σύρων εὕρημά φησιν εἶναι, ὡς καὶ τὸν καλούμενον λυροφοίνικα σαμβύκην.

5) L. c., Sat. III.

6) Abraham Portaleone Schilte Haggiborim (Mantua 1612), c. VI in t. XXXII. Thesaur. antiquitat. sacr. a Bl. Ugolino.

ad alterum, ita ut hoc instrumentum inferius sit simile portae Teri, quae erat una ex decem montis domus, cui non erat in eius summitate superliminare. Et eius loco illi erant duo lapides se inclinantes alter ad alterum. Et postis unus Kinnor erat vacuus intrinsecus, et hic postis erat ipsamet Kinnor, cui erant quatuor fenestrae rotundae apertae ad vacuitatem instrumenti, quarum duae erant in parte superiori in linea aequali, altera prope alteram, et aliae duae erant in poste in parte inferiori ad similitudinem fenestrarum superiorum, ut introduceretur in Kinnor suavitas sonitus chordarum, quo tempore pulsarentur. Verumtamen in altero poste nullus erat usus in sonitu; et enim tantum serviebat ad perficiendam figuram portae in Kinnor et constabat ligno integro in parte anteriori, duro, sine ulla vacuitate. Et super hoc poste et super altero, quibus constabat Kinnor, erat lignum instar superliminaris, quod non est rectum, sed erat ad similitudinem, quae inclinat ad principium figurae semicircularis. Et ibi infixi sunt clavi ferrei, in quibus circumaguntur chordae, quae annexae sunt in suis extremitatibus per totam longitudinem Kinnor, aut postis vacui gradatim, chorda altera in linea recta proxima alteri chordae, et altera erat altera superior, neque se inclinat ad alterum postem, qui non est vacuus, neque omnino, neque partim. Et huiusmodi chordae constabant nervis, aut intestinis animantis, sicut erant chordae Nebel, et ascendebant ad numerum septem et quadraginta. Quando pulsabatur hoc instrumentum est erectum et positum inter genua pulsantis, qui percutit eius chordas manibus ambabus, altera ab altero latere, altera ab altero latere.

Wir haben andere Ansichten, wie z. B. die Athan. Kirchers in seiner Musurgia, als der Tradition und den Berichten der Heiligen Schrift nicht entsprechend, übergangen und nur jene zwei sehr abweichenden Meinungen angeführt, die in neuerer Zeit mehr oder weniger begründet, eine weitere Verbreitung und Anerkennung gefunden haben. Die eine hält das auf ägyptischen Bildern und Sculpturen sehr häufig vorkommende, lautenartige oder überhaupt mit einem Griffbrett versehene, unserer Guitarre ähnliche Instrument für den biblischen Kinnor, während die andere denselben in der Harfe zu finden meint.[1])

Wir glauben nun, diesen beiden Ansichten gegenüber, uns vor allem auf jene Überlieferung berufen zu sollen, die in der altehrwürdigen, so getreuen alexandrinischen Übersetzung der LXX aufbewahrt ist. Wir haben gesehen, dass dieselbe das hebräische Wort

[1]) Sieh die Abbildungen ägyptischer Instrumente im Anhange.

כִּנּוֹר mit ganz wenigen Ausnahmen mit κιθάρα oder mit dem vom Hebräischen abgeleiteten Worte κινύρα, das von den griechischen Schriftstellern als κιθάρα erklärt wird, übersetzt. Die Interpreten der alexandrinischen Übersetzung konnten daher gewiss nicht an ein Stielinstrument mit einem Griffbrett gedacht haben; denn die Verschiedenheit zwischen der griechischen Kithara und einer Laute oder einer Art Guitarre ist so groß, dass auch einem Laien in der Musik eine solche Verwechslung nicht leicht, und gewiss nicht regelmäßig zustoßen konnte.

Ein anderer wichtiger Grund liegt in der Thatsache, dass im ganzen Alterthume bei keinem semitischen Volke ein lautenartiges Instrument gefunden wurde. Ambros[1]) erwähnt zwar eines bei Bonomi[2]) abgebildeten, in Ninive aufgefundenen, sehr lange gehalsten Instrumentes, das mit einer Laute Ähnlichkeit hat; allein er gibt selbst zu, dass „dieses Instrument sicherlich kein original-assyrisches, sondern durch den Verkehr mit Ägypten herübergekommenes sei“. Es wäre in der That sehr auffallend, dass der uralte Kinnor, der nicht bloß in Palästina, sondern im ganzen südwestlichen Asien verbreitet war, nur ganz zufällig einmal bei einem semitischen Volksstamm gefunden würde. Der Ursprung der lautenartigen Instrumente ist auch bei den Arabern nachweisbar ägyptisch.

Nach Kiesewetter[3]) soll ein gewisser Nadhr bel el Hares ben Kelde von Hiera an den Hof des Königes Chosru Paviz abgeschickt worden sein, und dort das Lautenspiel und persische Melodien erlernt haben, die er wieder in Mekka lehrte. Die Perser hatten als Herren von Ägypten das auf zahlreichen Monumenten abgebildete lautenähnliche Instrument kennen und schätzen gelernt. Die Araber selbst schreiben die Erfindung der Laute dem Pythagoras und ihren früheren Besitzern, den Persern, zu, die sie wieder von den Ägyptern entlehnten.

Wir müssen aber auch aus mehreren Gründen gegen die Ansicht sprechen, dass der Kinnor eine Harfe gewesen sei. Eine Harfe, die nach Schilte Haggiborim mit 47 Saiten bespannt ist, würde einen so großen Corpus voraussetzen, dass sie weder leicht getragen, noch weniger im Gehen gespielt oder auf dünnen Weiden aufgehangen werden konnte, was doch die Heilige Schrift vom Kinnor sagt. Die kleine Winkelharfe würde allerdings dieser Forderung nicht entgegen sein; allein wir müssen auch hier sagen, dass zwar

[1]) Geschichte der Musik, I, p. 213.
[2]) Ninive and its palaces, Fig. 114 u. 115.
[3]) Musik der Araber, p. 9 u. 58.

eine Verwechslung zwischen der griechischen Lyra und Kithara bei nicht fachkundiger Betrachtung sehr wohl denkbar ist, nicht aber zwischen Kithara und Harfe.

Es stimmen auch die übrigen Nachrichten nicht gut überein. Fetis sieht den Kinnor im neunsaitigen Trigonon. Aristoxenos, einer der älteren und bedeutendsten Musikschriftsteller (4 Jahrh. v. Chr.), unterscheidet aber ausdrücklich das Trigonon vom Enneachord[1]), indem er beide Instrumente in demselben Satze zugleich nennt und sie also unterschieden wissen will. Gegen diese musikalische Autorität kann die Ansicht des um 300 Jahre später lebenden Diodor[2]), dass der Enneachord, dessen sich die ägyptischen Priester bei ihren Festen bedienten, κινύρα genannt wurde, nicht in Betracht kommen.

Es würde auch unerklärlich sein, dass der hochbegabte semitische Volksstamm der Israeliten sich zu seinem Lieblings-Instrument die kleine, mit unbedeutendem Resonanzboden versehene, und daher nur dünn und schwachklingende Trigonharfe erwählt hätte, nachdem derselbe in Ägypten die gewiss viel kräftiger- und wohlklingenden Kitharen und Harfenarten täglich vor Augen hatte und gewiss oft genug zu hören bekam. Ermann (Ägypten und ägyptisches Leben) gibt auf Seite 340, 345, insbesondere Seite 257 im Hausbilde, eine Übersicht über die verschiedenen Arten der ägyptischen Kithara.

Wenn wir die Übersetzung des hebräischen Wortes כִּנּוֹר mit κιθάρα in der LXX als eine Tradition für die Gestalt des alten biblischen Kinnor betrachten dürfen, dann ist es gewiss von Wichtigkeit, die Form der griechischen Kithara kennen zu lernen. Es soll damit nicht gesagt sein, dass der Kinnor nichts anderes als die griechische Kithara gewesen sei; aber es wird auch nicht geleugnet werden können, dass eine Ähnlichkeit, und zwar sehr wahrscheinlich im Principe des Baues, vorhanden gewesen sein musste.

Da Kithara und Lyra dem Baue nach sehr ähnlich waren, wollen wir beide Instrumente zusammen betrachten.[3])

Nach den Vasenbildern, Wandgemälden, Reliefs und Gemen

[1]) Athen., l. IV, 183: Ἀριστόξενος δ᾽ ἔκφυλα ὄργανα καλεῖ φοίνικας, καὶ πηκτίδας, καὶ μαγαδίδας, σαμβύκας τε, καὶ τρίγωνα, καὶ κλεψιάμβους, καὶ τὸ ἐννεάχορδον καλούμενον.

[2]) Histor. Biblioth.

[3]) Der Beschreibung der griechischen Kithara sind, abgesehen von einigen älteren Schriften, insbesondere die Werke von Fetis, Gevaert, Westphal und die gediegene Specialarbeit von Karl v. Jan, „Die griechischen Saiten-Instrumente“, zugrunde gelegt. Sieh die Abbildungen griechischer Instrumente im Anhange.

hatte die griechische Kithara im Verhältnis zur Lyra einen massiveren, bedeutend größeren Körper aus Holz,[1]) der einem viereckigen Kästchen, aus dem zwei, oben durch ein Querholz verbundene Arme aufstiegen, nicht unähnlich war. Während nun die Seitenarme der Lyra[2]) sehr leicht und schlank gebaut sind, das materielle Übergewicht an dem unteren Theile, im Resonanzkasten, lag, der anfangs aus der Schale der Schildkröte (daher das ganze Instrument χελώνη, χελύς bezeichnet wurde), später aus Holz verfertigt wurde, treten bei der Kithara die Seitenarme als vorwiegende Körpertheile auf; sie sind breit und eckig und haben den Zweck, die Resonanz zu verstärken.

Cicero[3]) bestätigt diesen Zweck der Seitenarme (cornua), die im Innern hohl waren und dadurch zur Kräftigung des Schalles beitrugen. Bei der Lyra ist der Schallkasten abgerundet gewölbt, während die Kithara einen meist geradlinigen Resonanzkasten hat,[4]) an dessen unterer Seite hie und da ein kleines Kästchen angebracht ist, aus welchem die Saiten aufsteigen.[5]) Die beiden Arme, welche im unteren Körper fest aufstehen, sind durch ein Joch (ζυγόν) verbunden, das an den Enden meist verziert ist. Manchmal sind die Seitenarme nach oben etwas ausgebogen und vorwärts geneigt.

Eigenthümlich ist bei der griechischen Lyra, auch bei manchen

[1]) Manche Gelehrte glaubten aus Pollux IV, 62, und insbesondere aus Hesychius (s. v. ἠχεῖον) und Porphyrius (Comm. zur Harmonik des Ptolemäus, p. 244) und Aristoteles περὶ ἀκουστῶν annehmen zu sollen, dass das Gehäuse der Kithara aus Metall oder, gestützt auf Cicero, De deorum natura, II, § 144 und § 149, aus Horn gewesen sei. K. v. Jan weist nach (op. cit., p. 26, Anmerk. 44, und p. 28, Anmerk. 54), dass die citierten Stellen falsch aufgefasst wurden.

[2]) Die große Menge von Abbildungen der Lyra bestätigen vollständig die Beschreibungen, welche uns der Hymnus in Merc. u. Lukian Dialog. Deorum, 7, 4, geben.

[3]) De deorum natura, II, § 144: Et in fidibus testudine resonatur aut cornu et ex tortuosis locis et inclusis soni referuntur ampliores. Dasselbe geht aus dem Vergleiche hervor, den er mit den Nasenhöhlungen im menschlichen Organismus macht. § 149: Plectri similem linguam nostri solent dicere, chordarum dentis, naris cornibus iis, qui ad nervos resonant in cantibus.

[4]) Es kommen wohl auch Abbildungen vor, bei welchen die Basis abgerundet ist. So namentlich auf etruskischen Sarkophagen, auf italischen Vasen: Dubois-Maisonneuve, Introduction à l'étude dès vases graecs, 39.

[5]) So bei der Kithara des Apollo citharoedus, Pio-Clem., I, 16 (Beschreibung Roms, II, p. 215). Bei der ägyptischen Kithara im Berliner Museum dient dieses Kästchen als Saitenhalter. Sonst sind eigene Saitenhalter, ähnlich wie bei unseren Streichinstrumenten in Form von viereckigen oder runden Blättern angebracht. Der gewöhnliche Name für diesen Theil des Instrumentes ist βατήρ oder χορδότονον (Nicomachus, Harmonik, p. 13).

Kitharen, dass ein Steg für die Saiten angebracht erscheint. Da diese Instrumente nicht gestrichen wurden, war eine solche Vorrichtung, wenigstens für die Kithara, nicht nothwendig. Allein Abbildungen, welche oben etwas gewölbte und auf zwei Füßen stehende Stege zeigen,[1]) sowie plastische Darstellungen[2]) setzen die Sache außer Zweifel. Zudem erwähnen auch die Schriftsteller eines Steges.[3])

Die Saiten mussten aber auch gestimmt werden. Dazu gab es bei der griechischen Kithara mehrere Mechanismen. Schon in der Odyssee (21. Gesang) wird eines solchen gedacht. Plato[4]) und Lukian[5]) sprechen von Wirbeln. Man darf aber nicht an die Wirbel unserer Violinen denken. Auf den Bildern sieht man Wülste, welche manchmal die Gestalt von Ringen oder Scheiben oder ovale Formen haben. Jan[6]) nimmt aus guten Gründen an, dass sich in der Art und Weise, wie die Nubier ihren Kissar stimmen, die alte griechische Art des Stimmens erhalten habe. Sie nehmen nämlich einen Lappen aus Zeug, wickeln diesen mit der Saite um das Joch des Instrumentes und bringen durch Drehen dieses Wulstes die Saite auf die gewünschte Höhe. Die Reibung, das Einschneiden der Saite in das Stück Zeug verhindert das Nachlassen derselben.

Die Griechen nahmen statt Zeug die dicke Haut vom Nacken des Rindes oder Schafes (κόλλοψ genannt), ließen etwas von dem Fett daran, packten die Saiten in diese klebrige Masse und drehten sie mit dieser Hülle solange um den Querstab, bis die gewünschte Stimmung erreicht war; durch Zussammendrücken des Kollops blieb die Saite förmlich festgeleimt. Von diesem, allerdings schmierigen Apparat spricht Eusthatius[7]), der seine Nachricht verschie-

---

[1]) Lenorment et de Witte, Élite de monuments ceraomogr. I, 48; II, 26, 27, 98.

[2]) Terpsichore im Vatican; O. Müller, Denkmäler der alten Kunst, II, 133.

[3]) Lukian, Göttergespräche, 7, 4: χελώνην που εὑρὼν, ὄργανον ἀπ' αὐτῆς συνεπήξατο. Πήχεις γὰρ ἐναρμόσας καὶ ζυγώσας, ἔπειτα κολλάβους ἐμπήξας, καὶ μάγαδα ὑποθεὶς καὶ ἐντεινάμενος ἑπτὰ χορδὰς ἐμελῴδει πανὺ γλαφυρόν. Philostr. der Ältere, I, 10 . . . νευραὶ δὲ τὰ μὲν ἐπὶ τῇ μαγάδι πρόκεινται. Bei Hesychius wird Μαγὰς definiert als σανὶς τετράγωνος ὑπόκυφος δεχομένη τῆς κιθάρας τὰς νευρὰς καὶ ἀποτελοῦσα τὸν φθόγγον. Suidas: ἡ τῆς κιθάρας καβάλη καὶ τῆς λύρας, ἡ τὰς νευρὰς βαστάζουσα. Ptolomäus Harm., I, 8, nennt die feststehenden Stege auf seinem Kanon μαγάδες und die verschiebbaren inneren μαγάδια oder ὑπαγωγεῖς.

[4]) Plato, Polit. 7, 12: „Ἐπὶ τῶν κολλόπων στρεβλοῦντας (τὰς νευράς)".

[5]) Lukian am Meere, 1, 4: „Κόλλοπι περιστρέψας . . ."

[6]) Op. c., p. 15.

[7]) Eusthatius zu Odys. 21, 407: Κόλλοψ δὲ ὁ παρὰ τοῖς ὕστερον κόλλαβος, δι' οὗ τείνονται αἱ τοιαυται χορδαί. Καὶ οὕτω, φασὶ, λεγόμενος διότι τὸ παλαιὸν ἐκ δερμάτων σκληρῶν ἦν τῶν πρὸς τῷ τραχήλῳ τῶν βοῶν, ἔστι δ' ὅτε καὶ τῶν οἰῶν, ἃ καὶ αὐτὰ κόλλοπες ἐκαλοῦντο,

denen Gewährsmännern entlehnte, und Aristoteles.[1]) Dass diese Art aber nicht die einzige war, zeigt Jan[2]).

Anders scheint der Stimmapparat bei den ägyptischen Harfen gewesen zu sein. Bei den großen ägyptischen Harfen sieht man ganz deutlich Schrauben, welche an ihren Enden mit der Lotosblume verziert waren. Der Kopf der Harfe ist hohl, um die Saiten in den Schrauben leichter befestigen zu können. Auch die kleineren Harfen haben wirbelartige Vorrichtungen. Manche ägyptische Kitharen haben infolge ungleicher Seitenarme ein schräg aufsteigendes Querholz. Es hat den Anschein, als ob die Saiten durch allmähliches Nachrücken auf dem Joche in die richtige Stimmung gebracht wurden.[3])

Das Plectrum war bei den Griechen sowohl bei der Lyra als auch Kithara im Gebrauch. Das Plectrum ist ein Stäbchen, dessen Spitze herzförmig, manchmal stumpf und breit war. Als Material wurde meist Horn oder Elfenbein, auch Metall genommen.[4]) Bei den Griechen hat man mit dem Plectrum, wie es scheint, nur die Vor-, Zwischen- und Nachspiele ausgeführt; da konnte man den Ton des Instrumentes mehr hervortreten lassen, was durch öfteres, rasch hintereinander ausgeführtes Anschlagen desselben Tones, wie bei den Mandolinenspielern, vorzüglich durch das Plectrum bewirkt wurde. Der Gesang scheint nur durch das Spiel der linken Hand begleitet worden zu sein. Die übliche Darstellung der Kitharspieler bestätigt diese Ansicht.[5]) In der Heiligen Schrift ist von dem Gebrauche eines Plectrums beim Spiele des Kinnor keine Rede; wohl aber spricht Josephus Flavius[6]) davon.

διὰ τὸ ἐξ αὐτῶν ἀναβραττομένων κόλλαν γίνεσθαι, ὡς δηλοῖ καὶ Παυσανίας. . . . ἀλλαχοῦ (sc. ἐν ἑτέρῳ λεξικῷ) δὲ οὕτω. Κόλλοψ τὸ τραχηλιαῖον τοῦ ταύρου σὺν τῇ ὑπὸ τὴν φορίνην ἤγουν ὑπὸ τὸ δέρμα πιμελῇ. Ἐξ οὗ οἱ κόλλαβοι τοῖς παλαιοῖς. u. a. a. O.

1) Aristoteles Mechan. problem. 14.

2) Jan, Die griech. Saiten-Instrumente, p. 34, Anmerk. 130, 131.

3) Wilkinson. Manners, I, p. 478.

4) Platon, Gesetze VII, 5, aus Elfenbein: Anacreontic., 59; aus Gold: Hymn. auf den pyth. Apollo, 7.

5) Apuleius Florida, 2, 15, beschreibt die Statue des Bathyllos und sagt ausdrücklich, dass während des Gesanges die linke Hand in die Saiten griff, die rechte bereit war, nach Beendigung des Gesanges mit dem Plectrum zu spielen. „Ei prorsus citharoedicus status, Deam conspiciens, canenti similis . . . cithara balteo caelato apta strictim sustinetur. Manus eius tenerae, procerula laevi distantibus digitis nervos molitur, dextera psallentis gestu suo pulsabulum citharae admovet ceu parata percutere, cum vox in canticis interquieverit."

6) V. Anmerk. 53.

Wenn in der Vulgata an einigen Stellen[1]) כִּנּוֹר mit lyra übersetzt ist, so erklärt sich dies aus der Thatsache, dass beide Instrumente nicht gar sehr voneinander verschieden waren. Dem Principe nach waren beide Instrumente gleich; beide hatten den Resonanzboden an der unteren Seite, beide hatten Arme, an beiden Instrumenten waren am Verbindungsjoche die Saiten angebracht. Dass der Resonanzkasten der Lyra mit einer Haut überspannt war,[2]) dass die Arme der Kithara viel stärker gebaut waren, dass der Ton der Kithara bedeutend stärker sein musste, konnte bei Erwähnung der Instrumente, die nur nebenbei geschah, leicht übersehen werden. Auch Hesychius[3]) und Suidas[4]) geben keinen Unterschied zwischen Kithara und Lyra an.

Diese Tradition der LXX, die den biblischen Kinnor mit der Kithara identificiert, erhält eine wichtige Bestätigung in der Geschichte dieses interessanten Instrumentes, welche uns die ägyptischen und assyrischen Alterthümer erzählen.

Der Kinnor ist gewiss kein ursprünglich griechisches Instrument. Manche wollten selbst das eigentliche griechische National-Instrument, die Lyra, von Ägypten herleiten;[5]) allein mit Unrecht. Denn die eigentliche Lyra kommt weder in den älteren ägyptischen Sculpturen, noch Malereien vor. Das im Zodiak des großen Tempels von Dendera aufgefundene Bild einer dreisaitigen Lyra, welches 1821 nach Frankreich gebracht wurde, ist aus jüngerer Zeit, da erwiesenermaßen dieses Monument ägyptischer Astronomie über die Ptolomäerzeit nicht hinaufreicht.[6]) Die Lyra war in Ägypten vor Alexander nicht bekannt; wenn aber doch von

---

[1]) I. Paralipom. XV, 16: נְבָלִים וְכִנֹּרוֹת = Nablis videlicet et lyris. I. Paralipom. XVI, 5: בִּכְלֵי נְבָלִים וְכִנֹּרוֹת super organa Psalterii et lyras.

[2]) An dem Banjo genannten Saiteninstrument der Neger ist über den Resonanzboden gleichfalls ein Fell gespannt und auf demselben ist ein beweglicher Steg aufgestellt. Ähnliche Resonanzkasten, mit Leder oder Pergament überspannt, finden sich auch im alten Ägypten (Wilkinson, Manners, I, Abbildungen 240, 249, p. 274, 483). Die ägyptisch-nubische Kissar hat auch in Bezug auf die Überspannung des Resonanzkastens Ähnlichkeit mit der griechischen Lyra. Sieh im Anhange.

[3]) Hesych. s. voc. Λύρα · κιθάρα.

[4]) Suidas s. v. κιθάρα · ἡ λύρα. Auch Eustathius sagt, jede κιθάρα heiße χέλυς.

[5]) Man berief sich zum Beweise dieser Behauptung auf Diodor I, 16; Eusebius, Praeparat. evang., II, 29; Servius zu Verg. Aen., IV, 464.

[6]) Biot, Memoire sur le zodiaque circulair de Denderah, der dasselbe erst zur Zeit der Römerherrschaft, etwa zur Zeit der Antoninen, ausgeführt hält. Lotronne, Analyse resonnée dès representations zodiacales de Denderah et d'Esné, theilt diese Meinung.

mehreren Musikhistorikern das Gegentheil behauptet wird, so erklärt sich dies daraus, dass man die Lyra mit der Kithara, welche sich allerdings in sehr früher Zeit in den Monumenten findet, verwechselt hat. Aber auch letztere ist nicht ägyptischen, sondern vielmehr asiatischen Ursprunges.

Die nachweisbar älteste Abbildung der Kithara[1]) in Ägypten fand man in einer Gräbergrotte von Benni-Hassan[2]) im Grabe eines Vornehmen mit Namen Nehera-si-num-hotep, dem sich eine Schar einwandernder Semiten aus dem Stamme Aamu vorstellt. Diese Einwanderung geschah zur Zeit des Königs Sesurtesen II., also in der Epoche der 12. Dynastie. Einer der Semiten trägt eine achtsaitige Kithara,[3]) welche er, unter dem rechten Arme an die Brust gedrückt, horizontal nach vorne hält, mit den Fingern der linken Hand spielt, während die rechte mit dem Plectrum die Saiten schlägt. Der Corpus des Instrumentes ist eigentlich ein viereckiges Brett, das, an der oberen Hälfte ausgeschnitten, einem Rahmen ähnlich sieht. Die Kithara hat sich insbesondere während der Regierung der Hyksos in Ägypten eingebürgert.

In einem Grabe bei Theben, das nach seinen alterthümlichen Bildwerken aus der Zeit zwischen der 12. und 18. Dynastie herrührt, spielt unter der Leitung des harfenspielenden Vorsängers Amenmes ein zweiter Harfner und ein Kitharspieler, dessen Instrument noch die mehr rohe Form der semitischen Kithara zeigt; nur sind die Arme etwas schlanker. In der Regierungszeit der 18. Dynastie waren die Kitharen schon sehr verbreitet und zeichnen sich bereits durch geschmackvollere Gestalt aus. Zur Zeit der 19. und 20. Dynastie erscheinen sie bedeutend umgestaltet. Sie haben einen meist quadratischen Schallkasten,[4]) über den sich bald mehr oder weniger schlanke, fein geschwungene, manchmal stärkere, auch unsymetrisch ausgebogene Arme erheben, welche durch ein Querholz verbunden sind. Da die Arme manchmal ungleich lang sind,

[1]) Ambros, Musikgesch., I. Bd., p. 152, nennt dieses Instrument ebenfalls eine Lyra, gibt aber in der Anmerkung zu, „dass diese Lyra eigentlich eine Kithara sei". Dieses Instrument wurde beim Spielen gegen die Brust gedrükt, also liegend gespielt (der Untersatz war quadratisch geformt), daher wohl κιθάρα (Brust . . . Rippe) genannt. Die Lyra hatte als Fundament eine runde Testudo, und musste daher beim Spielen aufrecht zwischen den Knien oder auf den Armen gehalten werden.

[2]) Abgebildet bei Rosellini, Mon. Storici, und Lepsius. II. Abtheil., Bl. 131, 132, 133.

[3]) Nach der Zeichnung von Lepsius. — Sieh Abbildung im Anhange.

[4]) Hie und da urnenartig geformt. Wilkinson, II, 281.

steht auch das Joch schief zur Grundlinie des Schallkastens und dürfte zur Stimmung der Saiten insoferne gedient haben, als die Saiten an dieser schiefen Ebene so weit geschoben wurden, bis sie in die richtige Lage kamen. Die Saiten gehen vom Schallkasten fächerförmig aus und sind in einer Anzahl von 3, 4, 5, 8 bis 12 und mehr vorhanden.[1]) Insbesonders gut erhalten sind die Exemplare, welche sich in den Museen von Leyden und Berlin befinden. Letzteres hat einen Resonanzkasten, dessen Höhe 27 *cm*, Breite 34 *cm*, sammt den Armen eine Höhe von 66 *cm* erreicht. Der vorspringende Saitenhalter hat Raum für 13 Saiten.

Gewöhnlich wurde die Kithara in der bereits erwähnten Weise getragen, nämlich mit der Basis an die Brust oder unter dem linken Arm an die Seite gedrückt. Größere Kitharen werden auch an die rechte Brustseite und Schulter angelehnt gespielt. Ob die ägyptischen Kitharen einen Steg hatten, über welchen die Saiten liefen, lässt sich weder aus den Abbildungen, noch Sculpturen erkennen. Wo die Saiten, wie auf der Kithara im Berliner Museum, an einem auf dem Schallkasten befestigten, hervorspringenden Saitenhalter angebracht waren, scheint der Steg auch überflüssig, da für die Vibration der Saiten genug Raum übrig blieb. Die Saiten wurden entweder mit der linken Hand allein, oder zugleich mit dem Plectrum gespielt, das mit einer Schnur am Kithara-Arme befestigt war. In den späteren Zeiten kommt die Kithara wieder mehr außer Gebrauch und wird durch die Postamentharfe von Philae ersetzt.[2])

Der Name Kinnor war in Ägypten sicher bekannt, wenn er auch später wieder verloren gieng. Der Papyrus Anastasi II, 12, 2 nennt die Flöte „üad'ʿa'e“ und „uad üar“, und die Saiten-Instrumente „Ken'en'euru“ und „nat'ache“. Von diesen fremden, barbarisch geschriebenen Namen kann man nur den vorletzten identificieren, es ist der Name Kinnor.

Die eigentliche Heimat der Kithara ist Asien; ihre Verbreitung im ganzen südwestlichen Asien bezeugen zur Genüge die in Ninive aufgefundenen, aus den frühesten Zeiten stammenden Bilderwerke. In den Ruinen von Khorsabad, Kujundschik, Nemrud fand man Exemplare, welche mit dem des einwandernden Aamu-Semiten in Ägypten sehr ähnlich waren, aber auch weiter entwickelte, mit einem bedeutenden Resonanzboden an der unteren Seite des Instru-

[1]) Sieh die zahlreichen Abbildungen bei Champollion Rosellini, Wilkinson.
[2]) Ambros, Musikg., I. Bd., 151 ff.

mentes. Es scheint übrigens die Form der assyrischen Kithara in ein und derselben Periode verschieden gewesen zu sein. Man fand solche, die mit 3, 5, 7 Saiten bespannt, deren Seitenarme manchmal zierlich geschwungen, auch ungleich lang waren. Die auf einem Basrelief zu Khorsabad gefundene zwölfsaitige Kithara zeichnet sich durch ihre rechtwinkelige Gestalt und besondere Fülle des Resonanzbodens aus. Auf ägyptischen Monumenten bemerkt man die Kithara nicht nur in der Hand friedlicher semitischer Einwanderer, sondern auch in den Händen gefangener Asiaten. Unter den eroberten Ländern, welche Amenhotep III. aufzählt, erscheint auch Assūri (Assyrien) und Neherin (Mesopotamien).

Die Kithara kommt in den assyrischen Monumenten häufig im Zusammenspiel mit anderen Instrumenten vor. So entdeckte Layard[1]) einen Obelisken von schwarzem Basalt (welcher sich nun im britischen Museum befindet), der ein Concert von zwei Kitharspielern und zwei Cymbalschlägern darstellt. Das Monument stammt laut Inschrift aus der Zeit Assur-Idanni-Pal (9. Jahrhund. v. Chr.). Ein anderes Basrelief (bei Kujundschik gefunden) stellt vier Musiker dar, wovon zwei Kitharen spielen, die der äußeren Form nach sehr verschieden sind; der dritte schlägt die Trommel, der vierte das Cymbal. — Auch in Verbindung mit der Harfe wird sie gefunden. Hie und da ist das Instrument durch ein Band um den Hals befestigt und wird horizontal an die Brust gestemmt, oder ohne Band unter dem linken Arm getragen und gespielt. Es steht geschichtlich fest, dass die Kithara kein ursprünglich ägyptisches, vielmehr ein durch Semiten dahingebrachtes Instrument ist. Ebenso sicher ist ihre Verbreitung unter den semitischen Asiaten, wie die Assyriologie hinlänglich beweist.

Bei den griechischen Schriftstellern wird die Kithara auch asias genannt.[2])

Die Kithara wird in Griechenland schon sehr früh eingeführt worden sein; nach Fetis[3]) bei der Einwanderung Pelops mit seinen Begleitern um 1350 v. Chr. Allein dieses Instrument, welches die Lydier und Phrygier zum lydischen Hymnus erklingen ließen, war eine Pectis, wie Telestes von Selinunt bei Athenaeus berichtet; l. XIV, p. 626: „Πρῶτοι παρὰ κρατῆρας Ἑλλήνων ἐν αὐλοῖς συνοπαδοὶ

---

1) Layard, Monument of Ninive**h**. — Sieh auch die Abbildungen in Anhange.

2) Euripid. in Cyclop., V. 442: „Λέγ' ὡς ἀσιάδος οὐκ ἂν ἥδιον ψόφον κιθάρας κλύοιμεν . . .“ Aristoph., Θεσμοφ. p. 272: . . . κρούματα τ' ἀσιάδος. Plutarch, Mus., 6: Ἐκλήθη δ' ἀσιὰς διὰ τὸ κεχρῆσθαι τοὺς Λεσβίους αὐτῇ κιθαρῳδοὺς πρὸς τῇ Ἀσίᾳ κατοικοῦντας.

3) Fetis. Histoire univ. de la Mus., l. VII, p. 257.

Πέλοπος Ματρὸς ὀρείας Φρύγιον ἄεισαν νόμον· τοὶ δ' ὀξυφώνοις πηκτίδων ψαλμοῖς κρέκον Λύδιον ὕμνον“.

Aber die Pectis wird als Lyra[1]) beschrieben. Freilich glaubt Fetis diese ironische Beschreibung der Pectis nicht ernst nehmen zu sollen, und hält die Pectis für eine Kithara, nachdem die Lydier, die Erfinder der Pectis, nur Kitharen kannten. Nachdem sie einmal eingeführt war, wurde stets an ihrer Vervollkommnung gearbeitet. Den drei- bis viersaitigen Kitharen, welchen wir auf Münzen[2]) begegnen, folgen fünf- und sechssaitige, welche der Heptachord Kithara Terpanders vorausgehen, aber später noch in Übung bleiben. Nach Plutarch, De Musica[3]), hat Kepion der Kithara eine ihrem Zwecke mehr entsprechende Form gegeben, so dass sie tauglich war, den größeren Anforderungen bei den Wettkämpfen zu genügen. Die Lyra, welche ursprünglich im Apollodienste üblich war, wurde allmählich durch die Kithara verdrängt.[4])

Ein nicht zu unterschätzender Beweis, dass der biblische Kinnor weder der Laute, noch der Winkel- oder großen Trigonharfe, sondern vielmehr der griechischen Kithara ähnlich war, zeigen auch die Abbildungen jüdischer Münzen,[5]) welche aus der Zeit des Hohenpriesters Simeon stammen. Die Münzen sind von gleichem Gepräge, aber verschiedener Größe.

Für uns sind von Interesse die darauf abgebildeten Instrumente von drei und mehr Saiten, die theils der griechischen Kithara, annähernd auch der griechischen Lyra mit einem kesselförmigen Resonanzboden ähnlich sind.

Man könnte allerdings den Zweifel aussprechen, ob diese verhältnismäßig jungen Abbildungen aus der Zeit des zweiten Tempels wohl die Gestalt des alten Kinnor der Bibel wiedergeben?

Allein man darf doch behaupten, dass diese Instrumente, als im Heiligthume gebraucht, im Laufe der Jahrhunderte nicht wesentlich werden verändert worden sein. Ist der Orientale in seinen

[1]) Lukian dialog. mar. I, 4: Καὶ αὐτὴ δὲ ἡ πῆκτις, οἵα, κράνιον ἐλάφου γυμνὸν τῶν σαρκῶν καὶ τὰ μὲν κέρατα πήχεις ὥσπερ ἦσαν· ζυγώσας δὲ αὐτὰ καὶ ἐνάψας τὰ νεῦρα οὐδὲ κόλλοπας περιστρέψας ἐμελῴδει ἄμουσόν τι καὶ ἄρρυθμον.

[2]) Cf. Ezech. Spanheimii observationes in Hymn. in Delum, p. 476.

[3]) C. VI: Ἐποιήθη δὲ καὶ τὸ σχῆμα τῆς κιθάρας πρῶτον κατὰ Κηπίωνα τὸν Τερπάνδρου μαθητήν.

[4]) Proclos, Chrestomath. excerp. in Photios, no. 239: Τῶν ἀρχαίων χοροὺς ἱστάντων καὶ πρὸς αὐλὸν ἢ λύραν ᾀδόντων τὸν νόμον Χρυσόθεμις ὁ Κρὴς πρῶτος στολῇ χρησάμενος ἐκπρεπεῖ καὶ κιθάραν ἀναλαβὼν εἰς μίμησιν τοῦ Ἀπόλλωνος μόνος ᾖσε τὸν νόμον.

[5]) Sieh die Abbildungen im Anhange.

Sitten und Gebräuchen überhaupt sehr conservativ, so wird dies beim Cultus der Israeliten, dessen Einrichtungen, Ceremonien und auch Instrumenten umsomehr der Fall gewesen sein. Es wird die im Laufe der Zeit an der griechischen Kithara angebrachte Vervollkommnung nicht ohne Einfluss auf die asiatische gewesen sein. Es mag der Schallkasten verstärkt, die Schallkraft dadurch erhöht, es mögen die Saiten vermehrt, der Stimmapparat verbessert, das ganze Instrument, dem griechischen Schönheitssinne entsprechend, kunstvoll ausgeschmückt worden sein: durch alle diese nebensächlichen Veränderungen ist aber der charakteristische Bau des Instrumentes nicht aufgehoben worden.

Wir dürfen daher mit ziemlicher Wahrscheinlichkeit annehmen, dass wir in diesen Abbildungen, wenigstens dem Wesen nach, den biblischen Kinnor vor uns haben.

Da nun die alten Übersetzungen Kinnor mit Kithara übersetzen, die Kithara sicher asiatischen Ursprunges, von Semiten nach Ägypten eingeführt wurde, bei den semitischen Asiaten selbst sehr in Übung war, die Abbildungen auf den hebräischen Münzen aus dem II. Jahrhunderte v. Chr. deutliche Ähnlichkeit mit der griechischen Kithara zeigen, so scheint die Ansicht sehr glaubwürdig, „dass man sich den als Kithara bezeichneten althebräischen Kinnor am wahrscheinlichsten als eine noch einfache Form dieses Instrumentes wird zu denken haben. Die auf den jüdischen Münzen abgebildeten Saiteninstrumente stellen sich, wenn man die ägyptischen Umbildungen als Mittelglieder vergleicht, wie im griechischen Geschmack veredelte spätere Formen desselben dar.“ [1])

Die griechischen und lateinischen christlichen Schriftsteller sprechen in den Erklärungen der Heiligen Schriften des Alten Testamentes nur gelegentlich von den beiden wichtigsten biblischen Saiteninstrumenten, und geben nirgends eine genaue Beschreibung; dessungeachtet sind uns ihre Bemerkungen von Wichtigkeit. Alle stimmen darin überein, dass beim Kinnor der Schallkasten an der unteren Seite, beim Psalterium hingegen an der oberen Seite des Instrumenten-Corpus lag. Sie bezeichnen denselben nach der Ähnlichkeit der Gestalt mit testudo, tympanon, oder allgemein mit lignum concavum oder concavitas ligni. Die Kithara sei anfangs der menschlichen Brust ähnlich gewesen, daher im dorischen Dialecte die Brust κίθαρα hieß. Die Kithara wird hinsichtlich ihres Baues mit der Lyra auf ganz gleiche Stufe gestellt. So der

[1]) Riehm, Handwörterb. des bibl. Alterthums, S. 1035.

heil. Augustin,[1]) der heil. Hieronymus,[2]) Cassiodor,[3]) der heil. Isidor[4]) u. A.

Hätten die genannten kirchlichen Schriftsteller in dem Worte Kithara nicht das bekannte griechische Instrument im Sinne gehabt, dann könnte nach diesen Angaben allein auch ein lauten- oder guitarrenartiges Instrument verstanden werden; denn auch bei diesen liegt der Resonanzkasten unterhalb, und die Saiten sind darüber gespannt. Wenn aber der heil. Basilius[5]) dieselbe Lage des Resonanzbodens der Kithara und Lyra, die dem Baue nach ersterer sehr ähnlich ist, zuschreibt, dann hatte er und auch die übrigen kirchlichen Schriftsteller unter Kithara sicherlich nur das gleichnamige griechische Instrument im Auge.[6])

---

[1]) In Ps. XLII: Psalterium istud organum dicitur, quod de superiore parte habet testudinem, illud scilicet tympanum et concavum lignum, cui chordae innitentes resonant; Cithara vero ad ipsum lignum concavum et sonorum ex inferiore parte habet.

[2]) In Ps. CXLIX, 3: Psalterium proprie genus organi est musici, quod est quasi Cithara. Similitudinem habet Citharae, sed non est Cithara. Inter Psalterium et Citharam hoc interest: Cithara deorsum percutitur, ceterum Psalterium sursum percutitur, quod verbo vulgari dicitur polyphthongum. Hoc est ergo Psalterium. Hic ergo praecipitur nobis, ut in cantico novo canamus Deo, non deorsum de cithara, sed desursum, hoc est in Psalterio.

[3]) In Ps. XXXII, 2: Cithara est — lignei ventris in imo sita concavitas, quae sursum chordarum fila transmittens, sonis dulcissimis percussa proloquitur. Quae ideo tale nomen accepit, quoniam cita iteratione percutitur.

[4]) Etymolog., l. III, c. 22, 2: Forma Citharae ab initio similis fuisse traditur pectori humano, quod ut vox de pectore, ita ex ipsa cantus ederetur, appelataque eadem de causa. Nam pectus dorica lingua κιθάρα vocatur ... 7: Sed Psalterii et Citharae haec est differentia, quod Psalterium lignum illud concavum, unde sonus redditur. superius habet, et deorsum feruntur chordae et desuper sonant. Cithara vero concavitatem ligni inferius habet.

[5]) Homilie z. Ps. I (Edit. Maur., p. 91, D): Διότι τοῦτο (ψαλτήριον) μόνον τῶν μουσικῶν ὀργάνων τὴν αἰτίαν τῶν φθόγγων ἐκ τοῦ ἄνωθεν ἔχει. Τῇ κιθάρᾳ μέν γὰρ καὶ τῇ λύρᾳ κάτωθεν ὁ χαλκὸς ὑπηχεῖ πρὸς τὸ πλῆκτρον. Ψαλτήριον δὲ τοῦτο τῶν ἁρμονικῶν ῥυθμῶν ἄνωθεν ἔχει τὰς ἀφορμάς.

[6]) Daher kann die im Dardanusbriefe (tom. V, edit. Maus.) angeführte Meinung keine Beweiskraft haben. Daselbst wird die Kithara folgendermaßen beschrieben: Cithara, de qua in XLII. Ps. scriptum est. confitebor tibi in cithara Deus meus, propriae consuetudinis est apud Hebraeos, quae cum chordis viginti quattuor, quae in modum Deltae literae, sicut peritissimi tradunt, utique componitur; et per digitos Pindarii variis vocibus tinnulis ictibusque in diversis modis concitatur. Cithara autem, de qua sermo est, ecclesia est spiritualiter, quae cum quattuor et viginti seniorum dogmatibus trinam formam habens, quasi in modum Deltae literae per fidem ss. Trinitatis manifestissime sine dubio significat, et per manus Petri apostoli, qui praedicatur, illius est in diversos modulos n. et. v. Testamenti aliter in litera, aliter in sensu figuraliter concutitur.

Eine Bemerkung, die wir bei der assyrischen und ägyptischen Kithara gemacht haben, verdient noch eine besondere Beachtung. Man sieht nämlich in den diesbezüglichen Bildern, dass die Kitharaspieler ihr Instrument regelmäßig entweder mit der Basis an die Brust gedrückt, horizontal vor sich, oder wie eine Mappe unter dem linken Arm trugen. Eusebius[1]) und der heil. Hilarius[2]) machen nun die Bemerkung, dass das Psalterium unter den Instrumenten das einzige sei, welches gerade aufwärts stehe. Daraus folgt, dass die Kithara (Kinnor) nicht aufrecht, sondern in ähnlicher Weise getragen wurde, wie es uns die ägyptischen und assyrischen Bilder zeigen.

b) Nebel (נֶבֶל).

Das zweite in der Heiligen Schrift häufig genannte israelitische Nationalinstrument war der Nebel (נֶבֶל). Manche Erklärer, welche sich hauptsächlich auf die Etymologie des Wortes stützten, haben ganz unrichtige Ansichten aufgestellt. Villoteau[3]) hält den Nebel für eine Sackpfeife, ähnlich der arabischen Zukkarah, deren Luftreservoir aus einem Bockfelle verfertigt ist, in welchem zwei hervorragende Pfeifen stecken, deren Schallbecher nach oben gekrümmt

---

Während in diesem, fälschlich dem heiligen Hieronymus zugeschriebenen Briefe die Kithara 24 Saiten und die Form des griechischen Buchstaben Delta hat, lesen wir in den echten Schriften desselben Heiligen, dass die Kithara nur sechs Saiten habe (Comment. in Ps. XXXII, 2, Hebr. XXXIII, 2): Cithara deorsum habet cavamen et sex chordas habet. Opera sanctorum intelliguntur per citharam, quae sunt sex opera misericordiae. Et de illis chordis aliae bene cantant, aliae murmurant. Spätere kirchliche Schriftsteller berufen sich auf Hieronymus und schreiben die Deltaform aber nicht der Kithara, sondern dem Psalterium zu. Beda venerabil. (Mign., tom. 93, p. 1099): Psalterium est, ut Hieronymus ait, in modum Deltae literae formati ligni ... Ebenso Cassiodorus (Praefat. in Psalter., c. IV, Migne, tom. 70) und Isidorus Hispal. (Etymolog., l. III, c. 22, 7).

[1]) Eusebius in Ps. LXXX: Νάβλα παρ' Ἑβραίοις λέγεται τὸ ψαλτήριον, ὃ δὴ μόνον τῶν μουσικῶν ὀργάνων ὀρθότατον καὶ μὴ συνεργούμενον εἰς ἦχον ἐκ τῶν κατωτάτω μερῶν, ἀλλ' ἄνωθεν ἔχον τὸν ὑπηχοῦντα χαλκόν.

[2]) St. Hilarius, Prolog. in l. Ps. (Migne, tom. 9, p. 237): Psalterii speciem prae se fert corpus Christi ... eo enim organo prophetatum est, graece Psalterio, hebraice Nabla nuncupato, quod unum omnium musicorum organum rectissimum est, nihil in se vel perversum continens, vel obliquum, neque quod ex inferioribus locis in sonum contentus musici commovetur: sed in formam Dominici corporis constitutum organum, sine ullo inflexu deflexuve directum est; organum ex supernis commotum et impulsum et in cantionem supernae et coelestis institutionis animatum, non humili et terreno spiritu, ut cetera terrae organa personum.

[3]) Descript. de l'Égypte, t. XIII, p. 477.

auslaufen. Nach Prätorius[1]) stammt „Nablum (נֶבֶל, Nebel) a נָבַל, concidere. Unde נֶבֶל[2]) uter, qui compressus collabitur.“ Zur Erhärtung seiner Ansicht beruft sich Villoteau auch auf Athenäus IV, 175, wo Sopater von der Nabla in folgenden Versen spricht:

„ . . . οὔτε Σιδωνίου νάβλα
λαρυγγοφώνος ἐκκεχώρδωται τύπος,

und:

„Νάβλας ἐν ἄρθοις γραμμάτων οὐκ εὐμελής,
ᾧ λώτος ἐν πλευροῖσιν ἄψυχος, παγεὶς
ἔμπνουν ἀνίει μοῦσαν ἐγρέτου δέ τις.
τὸν ἡδονῆς μελῳδὸν εὐάζων χόρον.“

Das Wort λαρυγγοφώνος hat wahrscheinlich den Gedanken an (flötenartige) Röhren nahe gelegt. In Verbindung mit Nebel = Schlauch, welcher als Luftreservoir genommen wurde, mochte der Gedanke an die Zukkarah entstanden sein.

Was die Stelle eigentlich besagen will, ist unklar. Es ist hier wahrscheinlich die Rede von der Einfassung der Seiten des Instrumentes mittels Lotosholz, wodurch vielleicht das Instrument weniger wohlklingend ward (οὐκ εὐμελής), als bei Einfassung mit anderen Stoffen. Oder es sind, wie Riehm[3]) annimmt, flötenartige Röhren an den Seiten zu verstehen, die man sich ähnlich denken müsse, wie die Schrift „Schilte Haggiborim“, die eine der beiden Seitenhölzer an den thorförmigen Rahmen des Kinnor beschreibt, oder wie die Röhre an unserer Pedelharfe, d. h. als bloß der Resonanz dienende Röhren.

Die Rabbiner[4]) sprechen von Öffnungen, die im Nebel angebracht waren, und halten sie daher auch für ein Blasinstrument. Diese Öffnungen können auch die Schallöcher am Resonanzboden sein. Dass der Nebel aber kein Blasinstrument war, ersehen wir aus Josephus Flavius, der sagt: ἡ Νάβλα δώδεκα φθόγγους, τοῖς δακτύλοις

[1]) Syntagma mus., p. 110.

[2]) Nach Gesen. hebr. und aram. Handwörterb., bearb. von E. Mühlan und W. Volck, ist die Grundbedeutung von נבל aufschwellen, bauchig sein, arab. نَبُلَ hervorragen, bes. edel, geistvoll. נֵבֶל eigentl. Schlauch, dann auch andere Wasser-, Milch-, Weingefäße, irdenes Geschirr. — Riehm, Handwörterb. des bibl. Alterth., II, S. 1030, bezweifelt, dass das Wort Nébel, Schlauch bedeute.

[3]) Handwörterb. des bibl. Alterth., II, S. 1031.

[4]) Abnesra im Comment. zu Jes. V, 12, sagt: יש בו עשרה נקבים im Nebel seien zehn Öffnungen gewesen. Ebenso R. Salomo.

κρούεται.[1]) Ebenso zählt Hesychius[2]), Pollux[3]) und Ovid[4]) den Nebel zu den Saiteninstrumenten.

Eine andere Meinung lesen wir in „Schilte Haggiborim" c. V: „Nebel est instrumentum musicum nobis satis notum; italice dicitur Liuto, et nostra lingua Nebel, aut ea de causa, quod propter maximam eius suavitatem stultescere facit omnes species instrumentorum musicorum (מנבל כל מיני כלי זמרם) uti dixerunt in Medras Psalmorum, aut eo, quod in sua figura sit similis utri vini intrinsecus vacui, cui sit venter et collum . . ." Es wird noch weiter eingehend die Beschaffenheit des Resonanzbodens und des Halses, die Lage der Saiten, kurz der Nebel als Instrument beschrieben, welches dem italienischen Chitarrone oder der Liuto chitarronato ähnlich ist. — Man hat ferner das alte, schon in den Pyramidentexten vorkommende Hieroglyphenzeichen ♁ mit dem Nebel der Semiten in Verbindung gebracht. Uhlemann[5]) behauptet nun, dass der altägyptische und koptische Name der Guitarren, Mandolinen und Lauten „Nabla" gewesen sei. Nach Prof. Ebers[6]) ist diese Behauptung ganz unbegründet; nach einer gütigen Mittheilung des Herrn Prof. Krall existiert das koptische Wort, von dem Uhlemann spricht, überhaupt nicht. Als lautliches Silbenzeichen hat es die Aussprache „Nfr"[7]) und kommt in der Bedeutung „gut, schön, angenehm" vor. Man hat das bei den Semiten vorkommende „Nbl" auf das altägyptische „Nfr" zurückgeführt und daraus auf eine lautenförmige Gestalt des Nebel geschlossen.[8])

Thatsächlich kommt dieses Zeichen bei den ägyptischen Bildern und Sculpturen sehr häufig vor. Das Instrument[9]) hat einen nach unten gewölbten Resonanzkasten mit einem sehr langen Stiel; an dem Schallkasten zeigt sich ein Saitenhalter, an entsprechender Stelle ein oben etwas abgerundeter Steg, über welchen 2—3 Saiten gespannt sind.

[1]) Joseph. Flav., Antiqu., VII, 12.

[2]) S. v.: Νάβλα, εἶδος ὀργάνου μουσικοῦ ἢ ψαλτήριον.

[3]) Pollux, IV: . . . ἀλλὰ μὴν καὶ νάβλας μνημονεύει Φιλήμων, ἔδει παρεῖναι, Παρμένων αὐλητρίδα ἢ νάβλαν τινά.

[4]) Ovid., De arte amandi, l. III: Disce etiam duplici genialia Nabla palma vetere; conveniunt dulcibus illa jocis.

[5]) Handb. der ägypt. Alterthumskunde, 2. Abth., S. 302.

[6]) Riehm, Handwörterb. des bibl. Alterth., II, S. 1035.

[7]) Ermann, op. cit.

[8]) Chapel, History of music., p. 61. Wilkinson, I, 437, 5. Ambros, Musikg., S. 150 ff. Ermann, op. cit.

[9]) Ein sehr ähnliches Instrument, dessen Stiel aber zerbrochen ist, wurde von M. Madox in einem Grabe zu Theben gefunden. Wilkinson, The manners and costoms of the ancient Egyptians, tom. II, 303.

Es wird von Männern und Frauen (manchesmal mit einem Bande um die Schultern gehalten) bald mit den Fingern der rechten Hand, bald mit dem Plectrum gespielt, während die linke Hand auf dem Halse die Töne greift. Es hat in seiner Gestalt mehr Ähnlichkeit mit der arabischen Tambura, als mit unserer Guitarre. Dass dieses Instrument in Ägypten aber sehr verbreitet und beliebt gewesen sein musste, geht daraus hervor, dass man seine Form als Hieroglyphenzeichen genommen hatte, wozu doch nur bekannte Gegenstände verwendet wurden.

Ob aber das bei den Semiten vorkommende „Nbl" auf das altägyptische „Nfr" zurückgeht, ist nach Herrn Prof. Krall sehr fraglich, weil die Lautgesetze dagegen sprechen. Als Hauptgrund gegen die Annahme der lautenartigen Gestalt des Nebel müssen wir aber den bereits früher angeführten wiederholen, dass sich in den Bildwerken und sonstigen Monumenten semitischer Völker keine Instrumente mit einem Stiele gefunden haben.

Pfeiffer[1]) neigt der Ansicht zu, dass der Nebel der arabischen Kissar oder der berberischen Lyra ähnlich gewesen sein dürfte. Der Resonanzkasten besteht aus Holz und hat fast die Form einer Pauke, über dessen Höhlung eine dicke Haut gespannt und an der auswärtigen Rundung festgemacht ist. Aus dem Inneren des Resonanzkastens steigen zwei divergierende Arme auf, welche oben durch einen Querstab, an welchem die Saiten befestigt sind und gestimmt werden, verbunden sind. Wir haben hier vollkommen die Construction der Lyra.

Abgesehen von den bloß fünf Saiten, welche diese Lyra besitzt, während nach Josephus Flavius der Nebel zwölf, nach den Berichten der Heiligen Schrift zehn Saiten hatte, steht dieser Ansicht hauptsächlich die übereinstimmende Nachricht der kirchlichen Schriftsteller entgegen, welche von dem Nebel (Psalterium) behaupten, dass er den Resonanzkasten nicht an dem unteren, sondern vielmehr am oberen Theile des Instrumentencorpus hatte. Die verschiedenen Abbildungen bei Gerbert[2]) über Cithara und Psalterium, aus dem St. Emeraner Codex (X. Jahrh.)[3]) und aus dem Codex von

[1]) Die hebräische Musik, op. cit.

[2]) Gerbert, De cantu et musica, tom. II, Tafel 28, 29, 30. Text, l. III, p. 140, 152–154.

[3]) So ist das Psalterium in Gestalt eines gleichseitigen Dreieckes mit zehn Saiten und der Beischrift „alii Psalterium sic pingunt in modum Deltae literae"; ein ganz ähnliches Instrument mit 21 Saiten wird als Cithara hingestellt. Ein anderes gleicht einem großen lateinischen D und ist mit zehn Saiten bezogen.

St. Blasien (XII. Jahrh.)[1]), entbehren jeder historischen Bedeutung und sind nur phantastische Gebilde.

Nicht unerhebliche Gründe waren es, die neuere Musikschriftsteller und Exegeten veranlassten, eine andere Hypothese bezüglich der Gestalt des biblischen Nebel aufzustellen. Ein unserem Hackbrette oder auch Cymbal ähnliches Instrument war in alter Zeit im ganzen Orient verbreitet, und ist in den Ruinen von Ninive öfter gefunden worden. Die interessanteste diesbezügliche Darstellung ist jedenfalls das im Palaste zu Kujundschik aufgefundene Basrelief,[2]) auf welchem man die zahlreichste Vereinigung von Musikern fand, nämlich 26, davon 11 Instrumentisten und 15 Sänger. Ravlinson sieht in diesem pomphaften Zuge die feierliche Begrüßung des aus Susiana siegreich zurückkehrenden Assordanes oder Aschurackhbal, der ein Enkel Sennacheribs war. Voran ziehen fünf Männer, drei mit Harfen, einer mit einer Doppelflöte, einer mit einer Art Hackbrett oder Cymbal. Zwei von den Harfnern und der Cymbalschläger tanzen, den rechten Fuß wie hüpfend gehoben. Dann folgen sechs Weiber, vier mit Harfen, eine mit einer Doppelflöte, eine mit einer kleinen cylindrischen Trommel, die sie aufrecht am Gürtel befestigt hat und mit den Fingern beider Hände schlägt. Den Instrumentisten folgen sechs Sängerinnen und neun gleichfalls singende Kinder. Sie klatschen mit den Händen den Rhythmus, die eine Frau legt die Hand an den Hals, um jenen der orientalischen Singweise eigenen schrillen, vibrierenden Ton hervorzubringen.[3])

Unter diesen Instrumenten ist es das hackbrettartige, das Ambros[4]) und Wetzstein[5]) für den biblischen Nebel halten.

Ersterer findet die Beschreibung des Nebel im unechten Dardanus-Briefe[6]) passend auf dieses Instrument: „Psalterium, hebraice Nablon, graece autem Psalterium, latine autem Laudatorium dicitur. De quo in 54. Psalmo dicitur: Exurge Psalterium cum cithara. Est autem chordis decem sicut scriptum est. In Psalterio decem chordarum psallam tibi; forma quadrata. Psalterium

[1]) Bei dem quadratisch geformten Psalterium ist die Erklärung beigesetzt: „Psalterium decachordum in modum clypei quadrati."

[2]) Abbildungen in Layards Ninive und Babylon.

[3]) Die arabischen und persischen Frauen machen es noch heute so.

[4]) Ambros, Musikg., I. B., S. 206, 207.

[5]) Excurs über das נֶבֶל zu Jesaias V, 12, bei Delitsch, Comment. zu Jesaja, S. 703.

[6]) Tom. V, Edit. Maur.

itaque cum decem chordis, i. e. cum decem verbis legis contritis contra omnem haeresim, quadrata per quatuor evangelia potest intelligi." Die forma quadrata geht auf den viereckigen Schallkasten. Ferner stimmt er mit Wetzstein überein, dass die Tradition dem hackbrettartigen[1]) Instrumente den Namen Psalterium gewahrt habe. „Dieses Instrument", sagt Wetzstein, „lässt sich mit genügender Sicherheit bestimmen, wenn die Angabe so vieler alter Gewährsmänner, dass Nablion und Psalterion ein und dasselbe sei, richtig ist.[2]) Denn das letztere enspricht dem arabischen Santir (سنطير verkürzt aus פְּסַנְטֵרִין Daniel III, 7). Es ist ein niedriger, länglicher Kasten mit flachem Boden und etwas convexer Resonanzdecke, über welche die Saiten gespannt sind. Da sich seine beiden Langseiten gegeneinander neigen, so konnte es von Hieronymus annähernd mit einem umgekehrten Delta verglichen werden. Die Saiten sind Metalldraht und werden durch Wirbel gestimmt und durch vier Stege in drei Felder getheilt, deren jedes seine verschiedenen Töne hat.

[1]) Nach den Abbildungen (W. J. von Wassielewsky. Geschichte der Instrumentalmusik des XVI. Jahrhund., Tafel VII, Fig. S und T) war zwischen dem im Mittelalter Psalterium benannten Instrumente und dem sogenannten Hackbrette ein Unterschied. Dieses Psalterium bestand aus einem, in gleichseitiger Triangelform zusammengefügten Rahmen, innerhalb dessen zwischen den beiden aufrecht stehenden Schenkeln die Saiten aufgespannt waren, welche mit dem Plectrum geschlagen wurden. Das Hackbrett ist aber ein clavierartiges Tonwerkzeug, nur mit dem Unterschiede, dass beim Clavier die Hämmer mittels der Tasten in Bewegung gesetzt werden, während beim Hackbrett der Spieler in jeder Hand einen hölzernen Hammer führt. Der Resonanzboden besteht aus einem Holzkasten in Trapezform, über dessen Breitseite die metallenen Saiten gezogen sind. Zu Anfang des XVIII. Jahrhund. wurde dasselbe durch den tüchtigen Geiger Hebenstreit verbessert und Pantaleon genannt (W. J. v. Wassielewsky, Die Violine und ihre Meister). Gerber beschreibt dasselbe folgendermaßen: Es hat die Form eines Cymbals oder Hackbrettes, ist aber um viermal größer und wird auch ebenso tractiert. Nur hat es auf beiden Seiten einen Resonanzboden, wovon der eine mit Draht-, der andere mit Darmsaiten bezogen ist. Überdies finden sich alle möglichen weichen und harten Tonleitern, sowie auf dem Claviere, darauf. Auch hat es, wo nicht noch einen größeren, doch denselben Umfang in Octaven.

[2]) Dies scheint wohl festzustehen und zwar aus der Übersetzung der Septuaginta, welche das Wort נֶבֶל meist mit Psalterion gibt. — Suidas, s. h. v.: Ψαλτήριον ὄργανον μουσικόν, ὅπερ καὶ ναῦλα καλεῖται. Dasselbe sagt Eusebius, l. c.: Νάβλα παρ' Ἑβραίοις λέγεται τὸ ψαλτήριον. Hieronym. (Proem. in Ps., tom. IV, p. 1 und 2): Psalterium graecum est et latine organum dicitur, quod Hebraei Nebel vocant. Hilarius, l. c.: Eo enim organo prophetatum est, graece Psalterio, hebraice Nabla nuncupato. Auch die Neueren: Rhodigin. (Lection. Antiquitat., l. IX, c. 4): Psalterium alio modo Naula dicitur . . . u. a.

Der Spieler sitzt auf der Erde oder auf einem niedrigen Schemel und nimmt das Instrument vor sich auf den Schoß. Intoniert wird es durch zwei eiserne Stäbe. Der Ton ist stark und scharf. Das Santir war zwar vollkommener als das Kannun, welches bei jedem Wechsel der Tonarten umgestimmt werden musste, was beim Santir nicht der Fall ist; aber dass letzteres trotzdem durch das Kannun verdrängt wird, hat seinen Grund in dem angenehmeren und weicheren Klang, den die Darmsaiten und das Plectrum, womit es behandelt wird, mit sich bringen."

Das Santir war im ganzen Orient verbreitet, kam in der Zeit der Kreuzzüge nach Europa und wurde später zu unserem Claviere umgestaltet, indem die Claviatur mit den Hämmern angebracht wurde, welche die Saiten schlagen und die Stäbchen ersetzen. Santir ist auch nach Gesenius[1]) abgekürzt aus פסנטר, welches nach dem griechischen ψαλτήριον gebildet ist.[2]) So würde sich leicht erklären, dass das im Mittelalter „Psalter" genannte Instrumente seinen Namen aus jener alten Zeit herübergerettet hat.

Fetis[3]) behauptet, dass dieses פסנטרין der Chaldäer und Assyrer, das Santir der Araber, das eigentliche alte Psalterium gewesen sei,[4]) aber keineswegs der biblische Nebel. Die Septuaginta und Vulgata hätte diesen mehr allgemeinen Namen Psalterium eben auch auf Nebel und einigemale auch auf Kinnor übertragen.

Bevor wir die Bedeutung des Wortes Psalterion bei den Griechen untersuchen, möge vorerst noch eine Schwierigkeit Beachtung finden, die sich bei Betrachtung des Wortes פסנטרין = Psalterion aufdrängt. Bei Daniel finden wir nämlich neben Psalterion

---

1) Thesaurus, s. h. v.: פסנטרין stammt aus dem griechischen ψαλτήριον, das wie die übrigen bei Daniel III, 7 aufgezählten Instrumente in die chaldäische Sprache übergegangen ist. Das „λ" wurde in „נ" verwandelt nach Art des macedonischen Dialectes, der seit Alexander dem Großen auch bei den Syrern und Alexandrinern in Übung war; insbesondere geschah diese Verwechslung, wenn das „ν" vor dem „τ" zu stehen kam. Das ין ist hier nicht Plural, sondern entspricht dem griechischen Ausgang „ιον".

2) Villoteau (Dissertation sur les diverses espèces d'instruments de musique qu'on remarque parmi les sculptures qui décorent les antiques monuments de l'Égypte, tom. VI, Antiqu., p. 425) vermuthet, dass die Wurzel dieses Wortes arabisch sei (santir), dem die Ägypter den Artikel „Pi" vorgesetzt, die Assyrer, bei denen dieses Instrument im Gebrauche stand, die Endung ין angefügt hätten.

3) Histoire génér. de la Musique, tom. II, p. 273.

4) Dieses Instrument scheint auch in Rom nicht unbekannt gewesen zu sein, weil Quintilian von den Psaltrien und Spadix als von Instrumenten spricht, die ihn sehr aufregten, die man Mädchen verbieten sollte, da sie Leidenschaften erregen. Inst. orator.

(פסנטר) noch mehrere andere Musikinstrumente mit griechischem Namen. Es fragt sich daher, ob nicht die so benannten Instrumente selbst griechischen Ursprunges sind.

Diese Frage findet ihre Lösung in den Worten Ezech. Spanheims[1]), der also spricht: „Pleraque illa ἔγχορδα vel ἐντατά veterum organa peregrina seu ex illo tractu Syriae nempe ac Phoeniciae profluxisse, a Graecis ipsis aliisque auctoribus est olim agnitum, et barbara indita nomina. Id nominatim utique de Nabla, Barbito, Magadi, observat Strabo[2]), et quod praeterea de Psalterio, Sambuca ipsoque Citharae nomine ab hebraico כנור et chaldaico כנרא et inde a senioribus LXX κινάρα dici itidem potest, ut ab eruditis jam, qui in illis literis et linguis regnarunt, observatum. Unde et ab Aristoxeno peregrina instrumenta recenseri, Phoenicas, Pectidas, Magadidas, Sambucas, Trigona, Scindapsos, totidem intenta chordis instrumenta refert Athenaeus[3]). Imo quod nominatim de Trigono ut a Syris reperto, et de Sambuca tamquam Lyrophoenice, seu Lyra Phoenicia, Phoenice item et Nabla, ut Phoenicum inventis, huiusque Sidonii inde dicti, e Juba, Sopatro, Ephoro aliisque tradit idem Athenaeus (l. IV, p. 175; et l. XIV, p. 637) aut vero, quod de Cithara quae asias olim, tamquam in Asia reperta fuerit, dicta . . . Neque vero id genus instrumentorum chordis seu fidibus intentorum usus cum peregrino luxu, tibiis aut tibicinis minus, nec proinde a Satyrico, ubi ea de re agit, ommittendus, in urbem Romam fuerat, et quidem ex illo Asiae tractu invectus. Quam in rem praeclarus omnino et qui insigniter huc facit Livii locus, qui post devictum Syriae regem Antiochum vulgo magnum ait l. XXXIX, c. VII: Luxuriae enim peregrinae origo ab exercitu asiatico invecta in urbem est (ommissaque ibi omni tibiarum aut tibicinum mentione) tum Psaltriae, Sambucistriaeque et convivalia ludorum oblectamenta.“ In der That verrathen schon die Namen der meisten griechisch benannten Instrumente ihren asiatischen Ursprung, so außer den bereits genannten: Gingra, aulos, κέρας (קרן), Ambubaja (אבוב). Nachdem die Hellenen diese Instrumente aus dem Oriente erhalten hatten, gestalteten sie dieselben theilweise um, vervollkommneten[4])

[1]) Ezechiel Spanheimii Observationes in hymnum in Delum, p. 474 u. 475.

[2]) Strabo, Geogr., l. X, p. 471: . . . καὶ τῶν ὀργάνων ἔνια βαρβάρως ὠνόμασται νάβλα καὶ σαμβύκη, ἢ καὶ βάρβιτος καὶ μάγαδες καὶ ἄλλα πλείω.

[3]) Athenaeus, l. IV, p. 183: Ἀριστόξενος δ' ἔκφυλα ὄργανα καλεῖ φοίνικας καὶ πηκτίδας καὶ μαγαδίδας σαμβύκας τε, καὶ τρίγωνα καὶ κλεψιάμβους καὶ τὸ ἐννεάχορδον καλούμενον.

[4]) Vom Psalterium lesen wir dies ausdrücklich bei Athen., l. IV, p. 183: Τὸ δὲ ψαλτήριον, ὥς φησιν Ἰόβας, Ἀλέξανδρος ὁ kuθήριος συνεπλήρωσε χορδαῖς καὶ ἐγχειρίσας τῇ Ἐφεσίων πόλει . . .

sie theilweise, wie so manche andere Erfindung, die sie aus dem Oriente erhielten. Aber diese vervollkommneten Instrumente nahmen in der Folge wieder ihren Weg zurück nach Asien und wurden mit ihrem griechischen Namen in der Heimat aufgenommen.

Merkwürdigerweise erscheint z. B. die siebensaitige Kithara auf den assyrischen Monumenten zu derselben Zeit, wo sie in Griechenland erfunden wurde. Man schrieb diese Erfindung Terpander (ungefähr 650 v. Chr.) zu, und auf den assyrischen Monumenten hat die Kithara gerade zur Zeit Assurbanipals (668—626?) sieben Saiten. Diese Gleichzeitigkeit ist jedenfalls überraschend, sagt Lenormant[1]). Wie uns die Assyriologen berichten, war der Verkehr zwischen Assyrien und Griechenland über Klein-Asien und Phönizien alt und rege. Sargon nennt in seinen Aufzeichnungen den Namen Jonien und den Theil des Mittelmeeres um Cypern das Jonische Meer. Sennacherib stieß mit Griechen in Cilicien zusammen, besiegte sie und setzte sich dort ein Siegesdenkmal,[2]) er hatte sogar in seiner Armee ein Corps von griechischen Truppen.[3]) Assardon und Assurbanipal kämpften mehrmals gegen Phönizien, standen mit Griechenland in Handelsverbindungen, führen mehrere Fürsten auf Cypern als ihre Vasallen auf etc. Ein Fürst nun, der mit den Hellenen in naher Verbindung war, und wie Assurbanipal die Musik liebte, konnte gewiss die Musikinstrumente der Hellenen und ihre Namen kennen lernen. Es ist sehr wahrscheinlich, dass die Assyrer auch griechische Musiker hatten, die sich leicht unter den Gefangenen befanden. Man findet auf Monumenten Abbildungen, dass die Gefangenen ihren Besiegern Musik machten. Sie scheinen wie die Babylonier gerne fremde Musik gehört zu haben. Im Psalme 137, 3 fordern letztere die Juden auf, ihnen ein Loblied von Sions Liedern zu singen (שִׁירוּ לָנוּ מִשִּׁיר צִיּוֹן). Die Babylonier kannten selbstverständlich alle diese Instrumente, einmal wegen ihrer Abhängigkeit von Ninive, und später waren sie ja die Erben der Assyrer.[4]) Die griechischen Namen der Musikinstrumente bei Daniel III lassen sich also erklären durch die eigenen Namen, welche die Griechen den aus Asien importierten, von ihnen theils umgestalteten, sicher vervollkommneten Instrumenten gaben, die in dieser Gestalt mit ihren griechischen Namen in Asien wieder Verbreitung fanden.

---

[1]) Lenormant, La divination chez les Chaldéens, p. 191.

[2]) Berosus bei Eusebius, Chron. Arm., p. 20, edit. Mai.

[3]) Berosus, fragm. 12. Abydene, fragm. 7. Niebuhr, Gewinn aus dem armen. Eusebius, Kleine Schriften, B. I, 205.

[4]) Vigoroux, La Bible, tom. IV.

Die Ansicht, dass das Psalterion (פסנטרין), der hebräische Nebel, eine unserem Hackbrett ähnliche Form gehabt habe, stützt sich hauptsächlich auf die Deduction, dass das arabische Wort Santir der Name des hackbrettartigen Instrumentes eine Verkürzung vom chaldäischen פסנטר (Pesantir), dieses aber aus dem griechischen Psalterium stamme, womit im Mittelalter ein allerdings nicht trapezförmiges, auch sonst (z. B. in der Lage der Wirbel) vom Santir etwas verschiedenes, immerhin aber dem Principe nach ähnliches Instrument benannt wurde.

Das Wort ψαλτήριον scheint bei den Griechen, wie wir aus den Schriftstellern ersehen, nicht ein bestimmtes Instrument, sondern vielmehr eine ganze Classe von Saiteninstrumenten zu umfassen. Zunächst vorzüglich jene, die mit den Fingern allein ohne Plectrum gespielt werden; aber es kommen Stellen vor, wo mit dem Worte Psalterium auch Instrumente bezeichnet werden, die mit dem Plectrum zum Erklingen gebracht wurden. In diesem weiteren Sinne bedeutet Psalterium soviel als Saiteninstrument überhaupt.

Die griechischen Schriftsteller unterscheiden zwischen dem Spiele mit den Fingern und mit dem Plectrum.[1]) Letzteres wird gewöhnlich bezeichnet mit den Worten πλήττειν, κρήκειν oder κρούειν, während ersteres meist mit ψάλλειν ausgedrückt wird.[2]) Suidas erklärt ψάλλειν (s. h. v.) als ein Zupfen und Zurückschnellen der Bogensehne oder Lyrasaite. Alle jene Saiteninstrumente, welche ohne Plectrum, also mit den bloßen Fingern, gespielt werden, heißen ὄργανα ψαλτικά. So bei Athenaeus, l. XIV, p. 635: "Ἀριστόξενος δὲ. τὴν μάγαδιν καὶ τὴν πηκτίδα χωρὶς πλήκτρου διὰ ψαλμοῦ παρεχέσθαι τὴν χρεῖαν. Διόπερ καὶ Πίνδαρον εἰρηκέναι ἐν τῷ πρὸς Ἱέρωνα σκολιῷ. τὴν μάγαδιν ὀνομάσοντα. ψαλμὸν ἀντίφθογγον . . ." und l. c., p. 634: „Ἡ γὰρ μάγαδις ὄργανόν ἐστι ψαλτικὸν. ὡς Ἀνακρέων φησι, Λυδῶν τε εὕρημα. Διὰ καὶ τὰς Λυδὰς ψαλτρίας φησὶν

[1]) Plato, Lysis 5: Καὶ ψῆλαι καὶ κρούειν τῷ πλήκτῳ.

[2]) Philostratos der Ältere, I, 10: . . . ὁ δε Ἀμφίων τί φησιν· τι ἄλλο γε ἢ ψάλλει: καὶ τείνει τὸν νοῦν ἐς τὴν πηκτίδα καὶ παραφαίνει τῶν ὀδόντων ὅσον ἀπόχρη τῷ ᾄδοντι und gegen Ende: Κάθηται δὲ ἐπὶ κολωνοῦ, τῷ μὲν ποδὶ κρούειν ξυμμελὲς, τῇ δεξιᾷ δὲ παραπλήττων τὰς νευρὰς. Ψάλλει καὶ ἡ ἑτέρα χεὶρ ἐν ὀρθαῖς ταῖς τῶν δακτύλων προβολαῖς, ὅπερ οἶμαι πλαστικὴν ἀπουθαδιεῖσθαι μόνην. Auch bei den Römern ward dieser Unterschied des Spieles durch eigene Ausdrücke fixiert. Das Spiel mit dem Plectrum hieß foris canere, mit den bloßen Fingern intus canere. Asconius in Cic., II, Verr., I, 20, 53: Cum canunt citharistae, utriusque manus funguntur officiis. Dextera plectro utitur, et hoc est foris canere. Sinistrae digitis chordas carpunt, et hoc est intus canere. Difficile autem est, quod Aspendius citharista faciebat, ut non uteretur cantu utraque manu, sed omnia, i. e. universam cantionem intus et sinistra tantum manu complecteretur.

εἶναι ὁ Ἴων ἐν τῇ Ὀμφάλῃ διὰ ταύτων· Ἀλλ' εἶα, Λυδαὶ ψάλτριαι παλαιθετῶν ὕμνων ἀοιδοὶ τὸν ξένου κοσμήσατε.“ Die Magadis ist also ein Psalterium. Nach Menächmas ist die Pectis[1]) und Magadis dasselbe Instrument, und die Sambuca[2]) nur die jüngere Form der Magadis, also sind beide Psalterien.

Nach Hesychius (s. h. v.) gehört auch das Trigonon und Pandurion[3]), nach Pollux[4]) auch Pelex zu den Psalterien. — Suidas (s. h. v.) zählt auch die Nabla zu den Psalterien: ψαλτήριον· ὄργανον μουσικὸν, ὅπερ καί ναῦλα καλεῖται. Auch Ovid[5]) bezeugt, dass die Nabla mit beiden Händen ohne Plectrum gespielt werde, also wie ein Psalterium war; aber indem er sagt: „Disce etiam duplici genialia palma verrere“ (du musst lernen, mit beiden Händen über die freudenerweckende Nabla dahinzufegen), lässt er uns zugleich auf eine Harfe schließen. Es ist sehr wahrscheinlich, dass die, nur mit beiden Händen ohne Plectrum gespielten Instrumente, wie Nabla, Magadis, Trigonon, Sambuca, die auch Psalterien genannt wurden, nur der Form nach von einander verschiedene Harfen waren. Sie werden durch ihre Größe und durch die dadurch bedingte Länge oder Kürze der Saiten, durch die größere oder geringere Schallkraft, auch durch den Toncharakter verschieden gewesen sein, allein in Bezug auf den Bau wird wohl das Wort Euphorions[6]) richtig sein, der in seinem Buche von den Isthmischen Spielen sagt: „Τὰ πολύχορδα τῶν ὀργάνων ὀνόμασι μόνον παρηλλάχθαι· παμπάλαιον δ' αὐτῶν εἶναι τὴν χρῆσιν.“ Wenn nun auch das Wort Psalterion zunächst von harfenartigen Instrumenten, die doch allein mit den bloßen Fingern beider Hände gespielt werden konnten, gebraucht wurde, so überzeugen uns doch die Schriftsteller sowie Abbildungen, dass mit diesem Ausdrucke auch Instrumente, welche man mit dem Plectrum

---

1) Athenaeus, l. XIV, p. 635: Μεναίχμος δ' ἐν τοῖς περὶ Τεχνιτῶν, τὴν πηκτίδα, ἥν τὴν αὐτὴν εἶναι τῇ μάγαδι, Σαφώ φησιν εὑρεῖν. Diogenes, der Tragiker, unterscheidet aber beide Instrumente, indem er sie zusammen aufzählt bei Athen., l. XLV, p. 636. Auch Phillis im 2. Buche von der Musik zählt sie nebeneinander auf: Φοίνικες, πηκτίδες, μαγαδίδες, σαμβύκαι, τρίγωνα κ. τ. λ. Die Lösung dieser Schwierigkeit vide Bœck, De metris Pindari, p. 261 ss., u. Jan, De fidibus Graecorum, p. 31 ss.

2) Athen., l. XIV, p. 635: Παλαιὸν μὲν (Εὐφορίων) φησὶ τὸ ὄργανον εἶναι τὴν μάγαδιν, μετασκευασθῆναι δ' ὀψέ ποτε, καὶ σαμβύκην μετονομασθῆναι.

3) Hesychius: Πηκτίς· ὄργανον μουσικὸν, πανδούριον, ψαλτήριον. — Τρίγωνον εἶδος ψαλτηρίου.

4) Pollux, IV, 61: Καὶ πῆληξ δὲ οὐ μόνον ὁ τῆς περικεφαλαίας λόφος, ἀλλὰ καὶ ὄργανόν τι ψαλτήριον.

5) Ars amandi, III, 329.

6) Athenaeus, l. XIV, p. 636.

spielte, bezeichnet wurden. So findet sich unter den Gemälden von Herculanum eine Erato, welche ein längliches Saiteninstrument mit dem Plectrum spielt und dabei die Inschrift hat: „Ἐρατὼ ψαλτρίαν“, Erato spielt den Psalter. Es scheint, dass manchesmal überhaupt unter Psalterium ein Saiteninstrument im allgemeinen verstanden wurde.[1]) Auch die Ausdrücke κρούειν, πλήττειν, welche in der Regel für das Spiel mit dem Plectrum genannt wurden, sind von ψάλλειν nicht immer streng geschieden.[2]) Bei Athenaeus[3]) lesen wir von einem Instrumente mit Namen Epigonion, „welches jetzt in ein aufrechtstehendes Psalterium verwandelt wurde“: „Μνημονεύει δ' ὁ Ἰόβας καὶ τοῦ λυροφοίνικος, καὶ τοῦ Ἐπιγονίου, ὃ νῦν εἰς ψαλτήριον ὄρθιον μετασχηματισθὲν, διασώζει τὴν τοῦ χρησαμένου προσηγορίαν.“ Varro nennt den Nebel ein Orthopsallium (ein gerade aufrechtstehendes Psalterium). Dies lässt uns vermuthen, dass es auch Psalterien gab, die nicht aufrecht standen, Instrumente, welche, wie das Santir der Araber, das פסנטר der Assyrer, seinen Schallkasten zu unterst hatte und, wenn auch mit dem Plectrum gespielt, dennoch Psalterion im weiteren Sinne genannt wurden.

Es ist also die engere und weitere Bedeutung des Wortes Psalterium zu unterscheiden. Im engeren Sinne ist ein Saiteninstrument zu verstehen, das mit den Fingern der Hände gespielt, also auf beiden Seiten leicht zugänglich und auch mit mehreren Saiten versehen ist, welches also der Harfe ähnlich war; im weiteren Sinne wurden auch solche Instrumente Psalterien genannt, deren Saiten über einen liegenden Resonanzboden gezogen, nur von einer Seite her, mit dem Plectrum gespielt wurden. In letzterem glauben wir das biblische Pesanterin, das Santir der Araber zu erkennen. Der Name konnte sehr wohl erst von den Griechen zu den Arabern gekommen sein. Denn wie Westphal[4]) sagt, darf man in der arabischen Musik den Einfluss, den die griechische Musik vermittelst des Arsaciden- und Sassanidenreich ausübte, nicht übersehen.

Allein der biblische Nebel war allem Anscheine nach eine Harfe, und nicht ein dem arabischen Santir ähnliches Instrument.

[1]) Suidas (sub voce μουσουργοί)· Ψάλτριαι αἱ δὲ μουσουργοὶ βάρβαροι ἦσαν γυναῖκες. Ὄνομα αὐταῖς ἐπιχώριον βάρβα. Καὶ τούτων αἱ μὲν αὐλοῦσιν αἱ δὲ ψάλλουσι πενταχόρδῳ καὶ ἑπταχόρδῳ ψαλτηρίῳ.

[2]) Achilles Tatios gebraucht in seinem Romane I, 5, κρούειν von beiden Spielarten; ebenso Philostratos der Jüngere in der Beschreibung des 6. Bildes πλήττειν von dem Spiele der linken Hand, welche bei der Kithara und Lyra die Saiten zupfte: Ἡ δὲ λαία ὀρθοῖς πλήττει τοῖς δακτύλοις τοὺς μίτους.

[3]) Athenaeus, l. IV, p. 183.

[4]) Die Musik der alten und mittelalterlichen Zeit, S. 6 ff.

Wir berufen uns zum Beweise auf den hauptsächlichsten und engeren Sinn des griechischen Wortes „Psalterion“, welches doch zunächst ein Spiel mit den Fingern beider Hände andeutet, also eine Harfe voraussetzt. Wir berufen uns auf Ovid, dessen Beschreibung der Nabla nur auf eine Harfe passt; auch Josephus Flavius[1]) versichert, dass der Nebel zwölfsaitig und mit den Händen ohne Plectrum gespielt wurde. Wir berufen uns insbesondere auf die Tradition der heiligen Väter und kirchlichen Schriftsteller.

In der bereits oben citierten Homilie zum 1. Psalm gibt der heil. Basilius den Unterschied zwischen ψαλτήριον einerseits, κιθάρα und λύρα anderseits an, indem er auf die entgegengesetzte Lage des Schallkastens hinweist. Kithara und Lyra haben denselben auf der unteren, das Psalterion auf der oberen Seite des Körpers, daher der Ton von oben kommt.[2]) Er hebt mit Eusebius (Ps. LXXX) und Hilarius (Prolog in Ps.) insbesondere noch hervor, dass das

[1]) Joseph., Antiqu., VII, 12, 3: Ἡ δὲ νάβλα δώδεκα φθόγγους ἔχουσα τοῖς δακτύλοις κρούεται. Ps. XXXIII, 2. wird בְּנֵבֶל עָשׂוֹר gewöhnlich genommen als „Nebel der Zehnzahl“, sc. von Saiten, und daraus geschlossen, dass der Nebel 10 Saiten gehabt habe. Im Ps. XCII, 4, lesen wir aber: עֲלֵי־עָשׂוֹר וַעֲלֵי־נָבֶל.

[2]) Darin stimmen die Nachrichten der orientalischen und occidentalischen Schriftsteller überein. Basilius (in Ps. XXXII, p. 133, B. Edit. Maur.): Ψαλτήριον γὰρ τάχα ὁ νοῦς εἴρηται ὁ τὰ ἄνω ζητῶν, διὰ τὸ τὴν κατασκευὴν τοῦ ὀργάνου ταύτα τὴν ἠχοῦσαν δύναμιν ἐκ τοῦ ἄνωθεν ἔχειν. Chrysostomus (Edit. Maur., tom. V, p. 499): Τὸ ψαλτήριον, τὸ πρὸς τὸν οὐρανὸν βλέπειν. Καὶ γὰρ ἄνωθεν τὸ ὄργανον τοῦτο κινεῖται, οὐ κάτωθεν, ὥσπερ ἡ κιθάρα. Athanasius (op. tom. I, p. 2, Edit. Maur.): Ἔστι τὸ ψαλτήριον ὄργανον μουσικὸν δεκάχορδον ἐκ τῶν ἄνωθεν μερῶν τῆς κατασκευῆς ἀποτελοῦν τὸν ἦχον ἐναρμονίως τοῖς φθόγγοις πρὸς τὴν ἐκ τῆς φωνῆς μελῳδίαν ἀποδιδόν. Παρὰ μὲν Ἑβραίοις Ναῦλα λεγόμενον.

Hieronymus ad Ps. XXXII, 2: Cithara deorsum habet cavamen et sex chordas habet. Opera sanctorum intelliguntur per citharam, quae sunt sex opera misericordiae. Et de illis chordis aliae bene cantant, aliae murmurant. Sic et sancti, alii sic, alii vero sic ... In Psalterio decem chordarum psallite ei. In decalogo mandatorum. Psalterium desursum habet cavamen: praedicatio vel mandata intelligitur in sanctis, quae de supernis veniunt. Unde dixit, omne datum optimum et omne bonum perfectum desursum est descendens a patre luminum, apud quem non est transmutatio vel vicissitudinis obumbratio. Decem chordarum, i. e. decem verba legis. Tria mandata in una tabula et septem in altera ...

Cassiodor in Ps. XXXII, 2: ... Psalterium vero decachordum esse dicimus, quod ordine converso alvum citharae in superioribus habet, unde ad inferiorem partem canora fila descendunt.

Euthymius Zigaben. (Praefat. in Psalm.): Psalterium ad id genus instrumentorum pertinet, quae intenduntur. Est tamen instrumentum hoc rectum et superne causas habet unde emittat voces ...

Beda venerabilis (Interpretatio Psalterii artis cantilenae, Migne, tom. XCIII, p. 1099): Huic (Psalterio) Citharae positio videtur esse contraria, dum quod ista in imo continet, illud conversa vice gestat in capite. Hoc apud Hebraeos dicitur Nablum.

Psalterion allein aufrecht getragen werde. Diese Überlieferungen passen durchaus nicht auf das Santir und das gleichgestaltete assyrische Instrument, das seinen Resonanzboden an der unteren Seite hatte und gar nicht aufrecht getragen werden konnte. Die kirchlichen Schriftsteller bezeichnen diesen Schallkasten des Psalteriums mit testudo, tympanum[1]), sonora concavitas, obesus venter, buccae sonorae[2]).

Mit Berufung auf Hieronymus sagen sie, dass das Psalterium die Form des griechischen Delta gehabt habe.[3])

Wenn es also wahrscheinlicher erscheint, dass das Psalterium ein harfenartiges Instrument war, so werden wir, um die Gestalt desselben etwas genauer kennen zu lernen, unsere Blicke zuerst auf die ägyptischen Monumente wenden, die uns aus den verschiedenen Zeitperioden erhalten sind.

Die Form der ältesten ägyptischen Harfen ist sehr primitiv. Wir sehen sie in einem aus den Zeiten der vierten Dynastie stammenden Grabe bei Gizeh. Der ganz einfache mäßig geschwungene Bogen aus Holz ohne Resonanzkasten ist mit sechs Saiten bezogen, welche oben befestigt sind.[4])

---

1) August. (in Ps. XLII): Psalterium istud organon dicitur, quod de superiore parte habet testudinem, illud scilicet tympanum et concavum lignum, cui chordae innitentes resonant.

2) Cassiodor. M. Aur. (Praefat. in Psalt., c. IV, Migne, tom. 70): Psalterium est, ut Hieronymus ait, in modum Δ Deltae literae formati ligni sonora concavitas, obesum ventrem in superioribus habens. (In Ps. CL, 3): Psalterium vero est in modum citharae conversa positio. Buccas enim quasdam sonoras ligni gestat in capite: ubi ab imo venientes chordarum sonos in altum rapit et gratissima, quantum dicitur, modulatione respondet.

3) Cassiod. (Praef. in Psalter., c. IV, l. c.) und Isidor. Hispalens. (Etymol., l. III, c. 22, 7): Psalterium, quod vulgo canticum dicitur, a psallendo nominatum, quod ad ejus vocem chorus consonando respondeat. Est autem similitudo citharae barbaricae in modum Δ literae. Dass Isidor hier sich auf die cithara barbarica beruft, welche nichts anderes als der nubische Kissar ist, hat seinen Grund darin, dass dieses Instrument umgestürzt Ähnlichkeit mit dem griechischen Delta hat. Seine weitere Ausführung zeigt ja, dass er unter Psalterium nicht die berberische Lyra verstehe, welche den Resonanzboden unten hat.

Beda venerabilis (Interpretatio Psalterii artis cantil., Migne, tom. 93, p. 1099): Psalterium est, ut Hieronymus ait, in modum Deltae literae formati ligni, sonora concavitas, obesum ventrem in superioribus habens ... Hoc apud Hebraios dicitur Nablum, ipsum vero psalmum graecum esse constat vocabulum, quem dictum quidam volunt ἀπὸ τοῦ ψάλλειν, hoc est a tangendo. Nam et psaltrias citharoedas vocamus docto pollice modulationes musicas exprimentes. Psalmus est ex ipso secundo instrumento musico, i. e. Psalterio modulatio quaedam dulcis et canora profunditur.

4) Description de l'Égypte, Abtheilung Gizeh, A, Fig. 17, und Lepsius, II. Abth., Tafel 36. Mit den zwei knienden Harfnern spielen noch zwei auf der Schräg-, einer auf der Langflöte, und zwei Sänger singen.

Eine ähnliche große Harfe von acht Saiten, welche den Gesang der Lobsänger begleitet mit neun Tänzern, welche den Gestus des Vortänzers nachmachen, sehen wir in einem der fünften Dynastie angehörigen Grab bei Gizeh.[1]) Aber schon in dieser ältesten Zeit erfährt die Harfenconstruction Zusätze und Verbesserungen. Der Untertheil des Bogens wird kräftiger und wuchtiger gestaltet. Man fieng an, den Vortheil eines Schallkastens für die Fülle des Tones zu erkennen. Die Harfe bekommt in ihrem unteren Bogen eine Art Fuß, so dass sie selbst stehen bleibt, ohne gehalten werden zu müssen. An diesem kolbenartigen Untersatz wurde ein schräg gestellter Saitenhalter angebracht; oben sind die Saiten an einem vorspringenden Saitenhalter befestigt.

Im mittleren Reiche zeigen die Harfen einen bedeutenden Fortschritt. Der Resonanzkasten tritt namentlich an dem unteren Theile des Bogens kräftiger hervor; an dem oberen Ende desselben sind schon förmliche Wirbel angebracht. Der Schallkasten ist verschieden.[2]) Die Harfe sieht, namentlich bei jenen, welche ein sehr flaches Kreissegment bilden, fast wie ein leicht gekrümmtes Schiffchen aus. Bei anderen schneidet sich in der Hälfte der Schallkasten scharf vorspringend von dem einfachen schlanken, leicht nach oben gekrümmten Bogen ab. Auch Verzierungen werden angebracht.

Wenn auch die einfachen Formen noch in Verwendung bleiben, werden die Harfen doch im allgemeinen luxuriös ausgestattet. Der ursprünglich flache Bogen findet sich bei manchen fast halbkreisförmig erweitert. Es treten jetzt die sogenannten Paukenharfen auf, die ihren Namen von der Form des Schallkastens haben. Der Resonanzkasten hat unterhalb eine Stütze, wodurch die Harfe etwas in die Höhe gehalten und dem Spieler handlicher wird. Wir bemerken um diese Zeit den allmählichen Übergang von der Bogenharfe zur Dreieckharfe, von welcher erstere allmählich verdrängt wird. Das stützende Vorderholz fehlt aber auch dann, als die Dreieckharfe fast vollständig zur Geltung gekommen war.

Im neuen Reiche wird die Harfe aufs prächtigste ausgestattet und erreicht eine bedeutende Größe. Der Schallkasten der Paukenharfe gestaltet sich zu einem kräftig vorspringenden Fußgestelle, das dem Instrumente festen Stand gibt.

---

[1]) Abbildungen der Harfen des alten Reiches sieh bei Lepsius, II. Abth., Taf. 74, 36; Concerte von Harfen, Flöten und Guitarren bei Wilkinson, II, 316. — Sieh im Anhange.

[2]) Abbildungen: Descript. de l'Égypte, Pl. A, II, 91; Wilkinson, 1, 442.

Die in den thebanischen Gräbern gefundenen großen Harfen haben theils die Form des lateinischen C, theils laufen sie von einem hohen, spitz kegelförmigen Schallkasten in ein rund und schlank ausspringendes Oberholz aus. Manche derselben haben mehr als zwanzig Saiten.

Ebenso finden sich die kleinen, flachgespannten Harfen, die, von dem Spieler auf die Schulter gelegt, mit beiden Händen gespielt wurden. In ältester Zeit werden die Harfen kniend gespielt, und auch später wird diese Stellung beibehalten; nur bei schlank aufsteigenden Instrumenten steht der Spieler.

Ein anderes Instrument sieht man häufig in den Monumenten von Ober-Ägypten; es sieht einer Mandoline mit stark aufwärts gebogenem Halse ähnlich. In der Mitte des Schallkastens zeigt sich ein Saitenhalter, neben welchem Schallöffnungen angebracht sind. Die Anzahl der Saiten wechselt von drei bis fünf. Am oberen Ende des gebogenen Halses sind Schrauben zum Spannen und Stimmen der Saiten angebracht, die aber auf demselben nicht aufgedrückt werden können.[1])

Zu nennen sind noch die kleinen harfenartigen Instrumente, deren Corpus einen Winkel oder ein sehr zusammengedrücktes Kreissegment bildet. Es kommen auch größere in triangulärer Form vor, die einen kräftigen, meist viereckigen, nach oben verjüngten Schallkasten haben, zu welchem das Oberholz bald einen spitzen, bald stumpfen, manchmal auch rechten Winkel bildet.

Aus dieser kurzen Aufzählung der Harfenformen geht hervor, dass der biblische Nebel gewiss nicht die große ägyptische Bogenharfe war, die ja nicht im Gehen gespielt werden konnte. Aber auch von den kleinen tragbaren Harfen will kein Exemplar zu den Nachrichten stimmen, welche uns die kirchlichen Schriftsteller von der Lage des Schallkastens des Nebel (Psalterium) hinterlassen haben. Wir finden im Gegentheile bei den ägyptischen Harfen den Resonanzkasten, sei es in Form des sich erweiternden, ausgehöhlten Bogens oder in der Form eines Schiffchens oder paukenartigen Untersatzes, immer am unteren Theile des Instrumentes.

Eigenthümlich ist auch die Thatsache, dass der Nebel in der Heiligen Schrift erst in den Büchern Samuels erwähnt wird. Es scheint, dass man dieses Instrument nicht aus Ägypten wie manches

[1]) Capitän Speke hörte ein solches Instrument auf seiner Reise zum Nil (1861). Es scheint äthiopisch zu sein. Im britischen Museum zu London sind noch drei Corpus von diesem Instrumente, allerdings in einem sehr schlechten Zustande, aufbewahrt. Sieh Abbildung im Anhange.

andere mitnahm, sondern erst in Asien kennen gelernt hatte. Wir wissen ferner, dass die πολύχορδα ὄργανα schon frühzeitig in Klein-Asien verbreitet waren, ihren Ursprung aber aus dem östlichen Asien herleiten.

Da ist es nun die assyrische Harfe, welche in den Ruinen Ninives häufig gefunden wird, die unsere besondere Aufmerksamkeit erregt. In dem Basrelief von Kujundschik wird sie von drei Männern und vier Weibern gespielt. Sie ist von den ägyptischen Harfen durchwegs unterschieden; sie ist leicht tragbar, dreieckig, ohne Vorderholz, hat einen schrägen, vom Spieler aufwärts laufenden viereckigen Schallkasten und einen horizontal gestellten Saitenhalter. Sie ist mit sechzehn und noch mehr Saiten bespannt; Wirbel zum Stimmen sind nicht zu bemerken, wohl aber am Schallkasten eine Reihe Knöpfe oder Stifte, welche wahrscheinlich zur Befestigung der Saiten dienen. Nach der Größe der harfenspielenden Figuren dürfte das Instrument eine Höhe von 1·25 *m* gehabt haben.

Die assyrischen Harfen sind bei weitem nicht so mannigfaltig als die ägyptischen. Der Construction nach sind sie sich sehr ähnlich. Sie werden von den Musikern auf dieselbe Art getragen, meist mit den Fingern beider Hände gespielt und müssen daher an der linken Seite des Spielers befestigt gewesen sein. Der assyrische Name dieser Harfen ist nicht bekannt. Fetis[1]) vermuthet, dass es dasselbe Instrument sei, welches bei den Griechen Magadis genannt wurde. Es ist nicht unwahrscheinlich, dass Anakreon (530 v. Chr.), einer der bedeutendsten griechischen Lyriker, diese aus Assyrien eingebürgerte Harfe meinte, da er von der zwanzigsaitigen Magadis spricht.[2]) Es war die besondere Eigenheit der Magadis, dass ihre Saiten in Octaven gestimmt waren,[3]) die Wirkung war ähnlich dem Zusammensingen von Männern und Knaben.[4]) Daher auch das μαγαδίζειν so viel als in Octaven singen oder spielen heißt.[5]) Daraus

---

[1]) Histoire génér. de la Musique, tom. II, p. 329; tom. III, p. 270.

[2]) Athenaeus, l. XIV, p. 634:

. . . ψάλλω δ' εἴκοσι
χορδαῖσι μάγαδιν ἔχων
ὦ Λεύκασπι· σὺ δ' ἡβᾷς . . .

[3]) Athenaeus, l. XIV, p. 636: Καὶ Φίλλις δ' ὁ Δήλιος . . . λέγων οὕτως·

. . . μαγαδίδας δὲ τὰ διὰ πασῶν καὶ πρὸς
ἴσα τὰ μέρη τῶν ᾀδόντων ἡρμοσμένα.

[4]) Athenaeus, l. XIV, p. 635: . . . Ἀριστόξενος δέ, τήν μάγαδιν καὶ τὴν πηκτίδα χωρὶς πλήκτρου διὰ ψαλμοῦ παρέχεσθαι τὴν χρείαν. Διόπερ καὶ Πίνδαρον εἰρηκέναι ἐν τῷ πρὸς Ἱέρωνα σκολιῷ, τὴν μάγαδιν ὀνομάσαντα ψαλμὸν ἀντίφθογγον, διὰ τὸ δύο γενῶν ἅμα καὶ διὰ πασῶν ἔχειν τὴν συνῳδίαν ἀνδρῶν τε καὶ παιδῶν.

[5]) Aristoteles, Problem., XIX, 18. Cf. Boek, De metris Pindari, l. III, c. XI.

erklärt sich auch die große Saitenzahl; es waren nur zehn verschiedene Töne, welche in den Octaven verdoppelt waren. Gerade diese Stimmung des Instrumentes legt den Gedanken nahe, dass die Magadis eine Harfe war, in welcher sowohl die hochklingenden kurzen, als auch die tieferen langen Saiten gewiss viel leichter untergebracht werden konnten, als bei einer Kithara, welche fast nur aus gleichlangen Saiten bestand. Die Magadis war kein ursprünglich griechisches Instrument, sondern wird von Aristoxenos unter den fremden[1]), von Euphorion[2]) unter den alten Instrumenten aufgeführt. Es ist gewiss, dass die assyrische Kunst auf Klein-Asien, insbesondere auf Lydien einen großen Einfluss ausgeübt hat. Unter den assyrischen Monumenten fand sich eine Harfe, welche mit der von Anakreon gespielten Magadis gleiche Saitenzahl hatte.

Von großem Interesse ist die Abbildung auf der schönen apulischen Vase in München, auf welcher die neun Musen dargestellt sind. Drei halten Schmuckkästchen, eine singt aus einer Notenrolle, zwei blasen die Doppelflöte, drei spielen Saiteninstrumente: eine die Lyra, welche deutlich an der Schildkrötenschale zu erkennen ist, die andere die Kithara und die dritte eine Harfe, die sie an die linke Seite drückt und mit beiden Händen die Saiten berührt. Diese Harfe hat eine auffallende Ähnlichkeit mit jener assyrischen, die man auf dem Basrelief zu Kujundschik sieht. Der einzige Unterschied besteht darin, dass der Schallkasten der Harfe auf der Münchener Vase nach oben zu stärker wird.[3]) Es war also diese Harfe auf Groß-Griechenland bekannt und ist vermuthlich durch semitische Colonisten dahin verbreitet worden.

Wenn der Schallkasten dieser Harfe in früherer Zeit eine Ähnlichkeit mit irgend einem Gefäße hatte, so konnte darin die Veranlassung liegen, dass man diese Harfe mit dem Namen Nebel (נבל = Gefäß) bezeichnet.

Jedenfalls passt die Beschreibung von der Gestalt des biblischen Nebel, wie sie die kirchlichen Schriftsteller vermitteln, auf die assyrische und auf die auf der Münchener Vase dargestellte

[1]) Athenaeus, l. IV, p. 183: Ἀριστόξενος δ᾽ ἔκφυλα ὄργανα καλεῖ φοίνικας καὶ πηκτίδας καὶ μαγαδίδας, σαμβύκας τε, καὶ τρίγωνα καὶ κλεψιάμβος καὶ τὸ ἐννεάχορδον καλούμενον.

[2]) Athenaeus, l. IV, p. 175: Εὐφορίων δὲ, ὁ ἐποποιὸς ἐν τῷ περὶ Ἰσθμίων, οἱ νῦν, φησὶ, καλούμενοι ναβλισταὶ καὶ πανδουρισταὶ καὶ σαμβουκισταὶ καινῷ μὲν οὐδενὶ χρῶνται ὀργάνῳ. Τον γὰρ βάρωμον καὶ βάρβιτον, ὧν Σαπφὼ καὶ Ἀνακρέων μνημονεύουσι, καὶ τὴν μάγαδιν καὶ τὰ τρίγωνα καὶ τὰς σαμβύκας ἀρχαῖα εἶναι.

[3]) Publiciert und beschrieben von Gerhard: Apulien-Vasenbilder, Berlin 1846. Auch bei Lenormant et de Witte: Élite de monuments ceramographiques, tom. II, pl. LXXXVI, abgebildet. Sieh Abbildung im Anhange.

Harfe in vorzüglicher Weise. Der Resonanzboden ist an den genannten Instrumenten thatsächlich an der oberen Seite angebracht und hiedurch ein Erfordernis erfüllt, das von allen kirchlichen Schriftstellern als das charakteristische Kennzeichen des biblischen Nebel hingestellt wird.

Wenn manche Schriftsteller den Schallkasten mit einer testudo, tympanum, oder obesus venter vergleichen, was wir bei der assyrischen Harfe nicht bemerken, so mag dies eine Abart sein, welche das Princip der Construction nicht berührt. Übrigens nimmt der Schallkasten der Harfe auf der Münchener Vase nach oben thatsächlich an Stärke und Umfang zu.

Diese Harfe wird, wie die Abbildungen zeigen, aufrecht getragen, was nach der Überlieferung nur dem Nebel zukommt; meist wird sie ohne Plectrum nur mit den Händen gespielt.

Mehrere Schriftsteller sagen, unter Berufung auf den heil. Hieronymus, dass der Nebel die Form des griechischen Delta gehabt habe. Der Anblick der assyrischen Harfe zeigt, dass der Schallkasten mit dem Saitenhalter zwei Dreieckseiten bilden, als dessen Grundlinie man sich die äußerste Saite denken kann, so dass die Gestalt dieser Harfe einem Delta nicht unähnlich ist.

Nach allem dürfen wir uns den Nebel als eine derartige Harfe vorstellen, die in alter Zeit vielleicht nur weniger Saiten als später hatte.

Es wäre übrigens auffallend, wenn gerade die Harfe, die vermöge ihres Baues eine größere Schallkraft hat und sowohl in Ägypten als auch in Asien weit verbreitet war, im Tempelorchester gefehlt hätte.

c) Aśor (עָשׂוֹר).

Mit dem Nebel sind meist andere Instrumente verbunden; sein Spiel wird von der toph (II. Sam. VI, 15) oder Schophar, Hazozeroth (II. Paralip. V, 12), Kinnor und Metzilthaim (II. Esdr. XII, 27; Ps. CL, 4, 5) begleitet. In den Psalmen XXXIII, 2, CXLIV, 9 lesen wir asyndetisch עָשׂוֹר beigesetzt (בְּנֵבֶל עָשׂוֹר, Nebel aśor), während im Ps. CXII, 4 עָשׂוֹר selbständig neben Nebel vorkommt in den Worten: עֲלֵי־עָשׂוֹר וַעֲלֵי־נָבֶל עֲלֵי הִגָּיוֹן בְּכִנּוֹר. Der heilige Hieronymus gibt die Übersetzung mit: in decachordo et Psalterio; Felix: in decachordo et Nablo; Camp: in decachordo et cheli. Die LXX hat auch hier ἐν δεκαχόρδῳ ψαλτηρίῳ μετ᾽ ᾠδῆς ἐν κιθάρᾳ, sowie in den übrigen Stellen. Während die übrigen Übersetzer עָשׂוֹר als selbständiges Instrument betrachten, hat also die LXX „Nebel der Zehnzahl“, d. i. von zehn

Saiten, also stets zehnsaitiger Nebel übersetzt. Fetis[1]) nimmt Aśor als Bezeichnung eines vom Nebel verschiedenen Instrumentes und hält die von Wilkinson in Ober-Ägypten gefundene zehnsaitige kleine Bogenharfe, Engel[2]) die syrische Trigonharfe, Haremberg die Magadis für den Aśor.

Nach dem Wortlaute des Textes wird das asyndetisch bei Nebel stehende aśor am besten als Zahl für die Saiten genommen, und damit ein von dem ohne Beisatz genannten Nebel, der für gewöhnlich vielleicht weniger Saiten hat, unterschieden. Wir glauben, dass an unserer Stelle עָשׂוֹר gleichbedeutend mit Nebel aśor ist und sich von dem gewöhnlichen Nebel vielleicht nur durch die Anzahl der Saiten oder Größe des Corpus unterscheidet.

Dass es verschiedene Abarten des Nebel und Kinnor gab, die nur an Größe und Zahl der Saiten verschieden waren, scheint durch die Überschrift des Ps. VI בִּנְגִינוֹת עַל הַשְּׁמִינִית oder mit Auslassung des Instrumentes in Ps. XII עַל הַשְּׁמִינִית; II. Chron. XV, 21, בְּכִנֹּרוֹת עַל הַשְּׁמִינִית; I. Chron. XV, 20 בִּנְבָלִים עַל עֲלָמוֹת, sowie durch I. Chron. XVI, 5 כְּלֵי נְבָלִים angedeutet zu sein. Übrigens werden die beiden wenig umfangreichen Saiteninstrumente Kinnor und Nebel mit ihren zehn bis zwölf Tönen kaum ausgereicht haben für die verschiedenen Tonarten, in welchen die Tempelgesänge vorgetragen wurden; ebensowenig als unsere Blasinstrumente für jede Tonart passend sind. Dass aber verschiedene Tonarten angewendet wurden, ist wohl nicht zweifelhaft. Es ist eine allgemeine Erfahrung, dass der aus der Fülle des Herzens sprechende oder singende Mensch, insbesondere wenn er von starken Gefühlen angeregt ist, unbewusst jene Tonlage bildet, die dem Ausdrucke der Freude, Bewunderung, des Schmerzes oder des Erzählens, Belehrens, Ermahnens u. s. w. so entsprechend ist, dass sie diese Empfindung alsogleich in dem Hörenden erkennen und fühlen lässt. Diese Tonlage ist nicht etwa eine bloß höhere oder niedere Stellung des Tones, welche im Alter, Geschlecht oder Organisation begründet ist, sondern diese Tonlage ist Gattung und Art; sie ist ein centraler Ton, von welchem aus zahlreiche Töne ausstrahlen, sie ist ein dominierender Ton, durch welchen mehrere unter oder ober ihm liegende Töne in ihrem Verhältnis zu ihm und zu einander bestimmt werden. Solche Sprachtöne, Tonlagen, Collectivtöne unterscheidet man in der menschlichen Sprache viele. Die Musik nennt sie Tonarten, deren die

[1]) Histoire génér. de la Musique, tom. I, p. 388.
[2]) The Music of the most ancient nations, chap. II, p. 47—51.

ältere viel mehr (12—14) als die moderne (2, nämlich Dur und Moll) anwendete. Gewiss war auch die Tempelmusik auf dieser natürlichen Grundlage des Sprachgesanges aufgebaut und hatte zum Ausdrucke verschiedener Empfindungen auch seine charakteristischen Tonlagen (-Arten). Darum glauben wir, dass sowohl beim Nebel als auch Kinnor gewisse Abarten vorhanden waren, die im wesentlichen gleich, nur durch Größe, Anzahl der Saiten, Stimmung verschieden waren und mit eigenen Namen bezeichnet wurden.

d) Gittith (גִּתִּית).

In den Überschriften der Psalmen VIII, LXXXI und LXXXIV (לַמְנַצֵּחַ עַל הַגִּתִּית) wird גִּתִּית (Gittith) von den meisten Erklärern der Heiligen Schrift als musikalisches Instrument gehalten. Die Präposition עַל vor dem, mit dem Artikel versehenen Nomen in Verbindung mit למנצח steht jedenfalls zur Musik in Beziehung. Haremberg[1]) hat infolge einer sehr kühnen etymologischen Ableitung in גִּתִּית die Magadis gefunden: „Magadidis esse affinitatem cum Gittith, seu Gittis, si literas spectes, nemo ambigit, nemo inficiatur." Allein genau betrachtet ist außer dem „γ" zwischen „μάγαδις" und „Gittith" keine Ähnlichkeit. Calmet[2]) hat die eigenthümliche

---

[1]) Miscellania Lips. nov., IX, pars II, p. 233.

[2]) Calmet, Comment. literal. in omnes et singulos v. et n. Testam. libr., tom. IV, p. 55, 5. Als Gründe für die Meinung, dass ein aus Jungfrauen gebildeter Chor, abgesondert von den Männern, eine eigene Classe gebildet habe, werden folgende angegeben: I. Paralipom., XXV, 5 werden bei der Ordnung der Sänger neben den Söhnen Hemans auch seine drei Töchter erwähnt. Im Psalm LXXIII, 26 werden ausdrücklich paukenschlagende Jungfrauen angeführt: ... in medio juvencularum tympanistriarum. I. Esdr. II, 66, 67, sowie II. Esdr. VII, 67 ist von Sängerinnen die Rede. Der chaldäische Paraphrast sagt zu Ecclesiastes II, 8, dass von Salomo Sänger und Sängerinnen im Tempel angestellt worden seien. Tostatus (quaest. 14 in I. Paralip. XXV) und Menochius, Grotius und Castalio erklären zu I. Paralip. XV, 20, dass die siebente Sängerclasse aus Mädchen bestanden habe wegen בנבלים על־עלמות. Allein in letzterer Stelle ist das על־עלמות (nach Mädchenweise) offenbar von der hohen Stimmung der Nebel im Gegensatz zu der in Octaven spielenden Kinnor (עַל־הַשְּׁמִינִית) V. 21, zu verstehen. Aus den übrigen Schriftstellen geht nur hervor, dass bei gewissen außerordentlichen Feierlichkeiten, bei Volksfesten, Trauerfeiern oder bei Gelagen (II. Mos. XV; Richt. XI, 34; I. Samuel XVIII, 6, 7; II. Samuel XIX, 35; Eccl. II, 8; II. Paralip. XXXV; Ps. CXLVIII, 12, 13 u. a. O.) auch Frauenchöre beigezogen wurden, aber nirgends werden sie unter den eigentlich liturgischen Sängern genannt. Bei der Eintheilung der Sängerclassen in I. Paralip. XXV ist schon den Zahlen nach für diese Sängerinnen kein Platz. Die Anführung derselben bei Esdras lässt eher auf das Gegentheil schließen,

Ansicht, dass die mit Gittith überschriebenen Psalmen dem Vorsänger jenes Chores zu übergeben waren, welcher aus Sängerinnen von Gath bestand, wofür sich aber gar kein Beweis findet. Die LXX überzetzt ὑπὲρ τῶν ληνῶν und hat offenbar גִּיתוֹת von גת = cupa preli gelesen. Vulgata: pro torcularibus. Nach dieser Übersetzung denken manche an ein Instrument, welches bei der Weinlese gebraucht, oder an eine bestimmte Melodie, welche entweder bei dieser Veranlassung oder beim Laubhüttenfest gesungen wurde.[1]) Letztere Ansicht hat manches für sich.[2]) In einem ägyptischen Grabe zu Eileithyia (Ilithyia) liest man über einer niedlichen Darstellung dreschender Rinder in Hieroglyphen folgende Worte: „Drescher ihr Ochsen, dreschet Garben, dreschet für euern Herrn — ihr drescht auch für euch.“ Derartige Lieder zur Arbeit des Ruderns, Wasserschöpfens u. a. trifft man auch heute noch. Gewöhnlich haben diese Lieder eine sehr einfache, aus wenig Noten bestehende Melodie und einen Rhythmus, der der Bewegung bei der betreffenden Arbeit angepasst ist. Auch Aristides (II, p. 56) schreibt der Musik die Fähigkeit zu, Schiffahrt, Rudern und jede schwere Arbeit zu erleichtern. Auch in den heiligen Schriften finden wir in dem הידד (Hedad) des Isaias XIV, 10 und Jeremias etwas Ähnliches angedeutet.

Das chaldäische Targum scheint zu Ps. VIII eine Tradition zu enthalten, die nicht unerheblich ist. Die Übersetzung lautet: עַל כִּנּוֹרָא

---

da die Sänger des Heiligthums ausdrücklich von den noch genannten Sängern und Sängerinnen unterschieden werden. Es gab viele außergottesdienstliche Gelegenheiten, wozu man Sänger und Sängerinnen nöthig hatte. Die Rabbiner sagen, dass bei der Rückkehr aus der babylonischen Gefangenschaft Sänger und Sängerinnen ihre Lieder erschallen ließen, „ut reditus fiat laetior“. Was Schudt, De cantatricibus templi (Ugolini thesaur., XXXII, p. 644), von dem votum castitatis im Alten Testamente sagt, mag ganz richtig sein (cf. Haneberg, Die religiösen Alterthümer der Bibel, S. 254), aber nirgends haben wir eine Tradition, dass solche Frauen oder Jungfrauen beim Tempelgesang mitgewirkt hätten. Die Mischna (Erachin 13b) berichtet von der Musik im zweiten Tempel wohl von Knaben, die unterhalb des Pulpets zu den Füßen der Nabla und Kithara spielenden und singenden Leviten standen und in den Chor einstimmten, um dem Gesange תֶּבֶל = condimentum zu geben, aber nichts von Sängerinnen. Diese Levitenknaben hießen צערי oder סרעדי הלויים = parvuli oder adjutores Levitarum. Nach der Tosefta waren es בני יקירי ירושלים; die Zulassung nichtlevitischer Kinder mag als auszeichnende Ausnahmen gegolten haben.

1) Cf. J. Ben. Carpzov, Oservation. philolog. super Ps. tres עַל־הַגִּתִּית. Helmstädt 1758. — Auch Abenesra (ad tit. Ps. VIII) hält es für ein (פיוט) Gedicht, das mit dem Worte גתית anfieng.

2) Auch nach Ewald, Delitsch und anderen ist גִּתִּית Name einer Weise oder Tonart, „die gathitische“, aus der Stadt גַּת stammend.

דְּאִיתַי מִגַּת „Auf der Kithara, welche aus Gath eingeführt wurde." Redslob[1]), dem auch Gesenius[2]) beistimmt, nimmt Gittith für ein Musikinstrument, erklärt aber גתית für eine aus dem Infinitiv גְּנַת contrahierte Form von נגן, woraus durch Anfügung der Endung ית das Wort גתית (analog wie צְלִחִית aus צְלֹחַ Infinitiv von צָלַח) entstanden sei.

Wie bereits bemerkt, liegt die Vermuthung, dass es verschiedene Abarten des Kinnor und Nebel gab, sehr nahe. Nach der chaldäischen Paraphrase hätten wir uns hier ein dem Kinnor verwandtes Instrument zu denken.

Es ist auffallend, dass in den übrigen Theilen der Heiligen Schrift nirgends eine Erwähnung geschieht von jenen Instrumenten, welche sich in den Überschriften der Psalmen finden; während wir wiederum in den Überschriften der Psalmen niemals Kinnor und Nebel begegnen. Es scheint, dass jene Arten von Kinnor und Nebel, wie sie in Begleitung der Psalmen beim Gottesdienste in Gebrauch waren, mit besonderen Namen ausgezeichnet waren oder im gewöhnlichen Leben nicht benützt wurden. Es ist daher nicht unmöglich, dass unter den Überschriften der Psalmen noch manche Ausdrücke von Instrumenten zu verstehen sind, wovon aber jede Tradition verloren gegangen ist.

c) Sabbekha (סַבְּכָה).

Bei Daniel III, 5, 7, 10, 15 wird die סַבְּכָה oder שַׂבְּכָה (Sabbekha) unter den in Babylonien gebräuchlichen Instrumenten aufgeführt. Die LXX übersetzt σαμβύκη.[3]) Die Griechen kennen dieses Instrument unter demselben Namen. Bei den lateinischen Schriftstellern[4]) werden die Sambucistriae und Sambucinae erwähnt, welche zu diesem Instrumente bei den Gastmählern der Vornehmen in Rom sangen.[5])

Obwohl dieses Instrument sowohl von lateinischen und griechischen Schriftstellern häufig angeführt wird, erfahren wir außer den Angaben über Erfinder, Gebrauch, Toncharakter nicht viel über die Gestalt desselben.

---

[1]) Redslob, De praecepto musico, Lipsiae 1831, p. 24.

[2]) Thesaur., s. v. גתית.

[3]) Auch ζαμβύκη oder ζαμβίκη (Theodotion).

[4]) Livius, l. XXXIX, c. 6; Macrobius, Satir., III, 7; Martion, c. IX, 924.

[5]) Auch Aristoteles sagt, l. I, dass Heptagona, Trigona und Sambucen bloß zum Vergnügen dienten.

Suidas[1]) und Athenaeus[2]) bezeichnen Ibykos als Erfinder. Allein, wie wir bereits gesehen, wird von Aristoxenos (Ath., l. IV, p. 183) auch die Sambuca unter die fremden Instrumente gezählt, die wie die übrigen polychorden Instrumente (nach Strabo, Geogr., l. X, p. 471) aus Asien nach Griechenland eingeführt wurden.[3]) Wir erfahren über die Sambuca noch, dass sie einen hohen, scharfen Ton hatte.[4])

Mit nur vier Saiten bespannt, sei sie bei den Parthern und Troglodyten in Gebrauch gewesen.[5]) Ob wirklich nur vier Saiten waren, oder ob diese Zahl so zu verstehen ist, wie bei der Magadis, welcher bei Athenaeus, l. XIV, p. 637, nur fünf Saiten zugetheilt werden, worunter aber wahrscheinlich fünf Tetrachorde zu verstehen sind, mag dahingestellt bleiben. Bei den Griechen hatte die Sambuca gewiss mehr Saiten, weil sie Plato zu den polychorden Instrumenten rechnet. Riehm[6]) stützt sich auf Athen. XIV, 634,[7]) wonach die Sambuca einige Ähnlichkeit mit dem gleichnamigen Belagerungswerkzeug, das eine mit einem Schiffe verbundene Leiter war, haben müsse, und hält jenes eigenthümliche, zwischen Harfe

---

[1]) S. v. Σαμβυκαί· ὄργανα μουσικὰ τρίγωνα . . . ταύτην τὴν σαμβύκην, πρῶτος Ἴβυκος ἐφεῦρεν. Ἔστι δὲ εἶδος κιθάρας τριγώνου.

[2]) Athenaeus, l. IV, p. 175, b: Καὶ τὸ τρίγωνον δὲ καλούμενον ὄργανον, Ἰόβας ἐν τετάρτῳ Θεατρικῆς Ἱστορίας, Σύρων εὕρεμά φησιν εἶναι, ὡς καὶ τὸν καλούμενον λυροφοίνικα σαμβύκην. Τοῦτο δὲ τὸ ὄργανον Νεάνθης ὁ Κυζικηνὸς ἐν πρώτῳ Ὥρων, εὕρημα εἶναι λέγει Ἰβύκου τοῦ Ῥηγίνου ποιητοῦ. Ibykos wird dieses Instrument in Griechenland eingeführt haben. L. Dindorf setzt zwischen λυροφοίνικα σαμβύκην ein „καὶ". Aber auch aus anderen Gründen ist die Meinung Gevaerts (Histoire et Théorie de la Musique de l'Antiquité, tom. II, p. 245), dass die Lyrophönix oder phönizische Lyra mit der Sambuca identisch sei, nicht haltbar. Bei Athenaeus, l. XIV, p. 636, hat die Sambuca im Widerspruch mit l. IV, p. 175, ihren Namen von dem Erfinder: Τῇ σαμβύκῃ πρώτην φησὶ χρήσασθαι Σίβυλλαν . . . Σκάμων ὁ προειρημένος· ὀνομασθῆναι δ' αὐτὴν, εὑρεθεῖσαν ὑπὸ Σάμβυκος τινός.

[3]) Das Wort selbst sammt wahrscheinlich von der Wurzel סבך = implexit. perplexit. Gesenius (Thesaur.. s. h. v.) findet den von Athenaeus und Strabo bezeugten semitischen Ursprung des Wortes durch die Etymologie bestätigt. Aus dem doppelten ב ist im Griechischen „μβ" geworden. ähnlich wie in אַבּוּב = ambubaja.

[4]) Athenaeus, XIV, 634: Περὶ σαμβύκης ἔφη ὁ Μασσούριος ὀξύφθογγον εἶναι μουσικὸν ὄργανον τὴν σαμβύκην. Aristid. Quintilian., De Musica, II. p. 101: . . . τὴν δὲ σαμβύκην πρὸς θηλύτητα, ἀγενῆ τε οὖσαν καὶ μετὰ πολλῆς ὀξύτητος διὰ τὴν μικρότητα τῶν χορδῶν εἰς ἔκλυσιν περιάγουσαν.

[5]) Athenaeus l. XIV, p. 634: Χρῆσθαι φήσας αὐτῷ Πάρθους καὶ Τρωγλοδύτας, τετραχόρδῳ ὄντι.

[6]) Handwörterb. des bibl. Alterth., II, p. 1036.

[7]) Καλεῖσθαί τε σαμβύκην, ἐπειδὴ ὅταν ἐξαρθῇ, γίγνεται σχῆμα νεὼς καὶ κλίμακος ἑνοποιούμενον ὅμοιον οἷον δή τί ἐστι καὶ τὸ τῆς σαμβύκης.

und Laute stehende ägyptische Instrument mit aufgebogenem Halse für die Sambuca. Der schiffartige Resonanzboden würde nach der Bescheibung sehr wohl passen, allein mit einer Leiter ist kaum eine Ähnlichkeit zu finden.

Mit Bestimmtheit sagt aber Suidas, dass die Sambuca ein Trigonon war, also eine dreieckige Form gehabt habe. Σαμβυκαί· ὄργανα μουσικὰ τρίγωνα, ἐν οἷς τοὺς ἰαμβοὺς ᾖδον . . . ἔστι δὲ εἶδος κιθάρας τριγώνου. In ähnlicher Weise beschreiben Vitruvius (De Architectura, l. VI, c. 1) und Festus (s. v. Sambuca) die Sambuca und sagen, dass dieses kleine Trigonon die Frauenstimmen begleitete. Bei den griechischen und römischen Schriftstellern geschieht dieses Instrumentes häufiger Erwähnung als des eigentlichen Trigonons. Es ist vorzüglich das Instrument, welches ausgelassene Weiber in liederlicher Gesellschaft spielen. Man hat nun zahlreiche Abbildungen[1]) von wüsten Gelagen aufgefunden, wobei sehr nachlässig und üppig gekleidete Weiber kleine, dreieckige Harfen in den Händen halten, und daraus den Schluss gezogen, dass man in diesen Weibern die berüchtigten Sambucistrien mit ihren Instrumenten vor sich habe. Montfaucon[2]) spricht dieselbe Ansicht aus; Euphorion[3]) erklärt die Sambuca für eine jüngere Form der Magadis, die wenigstens annähernd eine Dreieckgestalt hat.

Es ist aber deshalb nicht ausgemacht, dass die Sambuca und das Trigonon ein und dasselbe Instrument waren. Bei griechischen Schriftstellern werden sie nebeneinander, also als verschiedene Instrumente aufgeführt. Allein die Nebeneinanderstellung beider Instrumente in der ziemlich langen Liste von Pollux, l. IV, p. 59, und auch in der des Aristoxenos (Athen., l. IV, p. 182) u. a. O. ist doch noch kein absolut sicherer Beweis, dass sie nicht identisch waren; denn es ist gewiss, dass beide Compilatoren manchesmal dieselben Instrumente unter verschiedenen Namen aufgezählt haben. Kommt ja auch bei uns in der Benennung der Instrumente etwas Ähnliches vor.

Aber ein anderes unterscheidendes Merkmal zwischen der

---

[1]) Stephani zählt im Compte-rendu, 1871 und 1873, bei 40 Beispiele solcher dreieckiger Harfen auf.

[2]) Montfaucon (Antiquitat. expl., p. 345): Forma (Lyrae et Citharae) semper eadem pene est, si quandam excipias infra proferendam a Sponio publicatam, quae triangularis pene est: estque haud dubie id quod trigonum appellabatur, cui similis etiam Sambuca erat, instrumentum scilicet triangulare chordis adornatum.

[3]) Athen., l. XIV, p. 635: Εὐφορίων δ' ἐν τῷ περὶ Ἰσθμίων, παλαίον μὲν φησί, τὸ ὄργανον εἶναι τὴν μάγαδιν, μετασκευασθῆναι δ' ὀψέ ποτε, καὶ σαμβύκην μετανομασθῆναι.

Sambuca und dem Trigonon finden wir in der verschiedenen Tonhöhe. Nach Aristides Quint. und Athenaeus (l. c.) hat die Sambuca einen hohen, scharfen Klang, während das Trigonon die tiefere Octav zur Pectis (Athen., l. XIV, p. 635 und 636) bildet.

Das Trigonon muss also einen größeren Corpus und längere Saiten als die Sambuca gehabt haben, letztere wird aber im Baue vom Trigonon nicht wesentlich verschieden gewesen sein.

f) Neginoth (נְגִינוֹת).

Unter den 34 Instrumenten, welche in der Schrift Schilte Haggibborim, c. II, als von den Israeliten gekannt und benützt aufgeführt werden, lesen wir auch נְגִנוֹת (Neginoth). Dieses Wort findet sich als Überschrift in den Psalmen: IV, VI, LIV, LV, LXI (aber עַל־נְגִינַת), LXVII, LXXVI; ferner Klagel. III, 14; V, 14; Isa. XXXVIII, 20; Ps. LXXVII, 7; Habak. III, 19; Job XXX, 9. Die LXX und Theodotion übersetzen ἐν ὕμνοῖς. die Vulgata in carminibus, Aquila ἐν ψαλμοῖς, Symmachus διὰ ψαλτηρίων. Aber auch die LXX hat in Ezechiel XXXII, 32 mit ψαλτήριον. Job XXX, 9 mit κιθάρα übersetzt.

Nur einige Übersetzungen verstehen unter diesem Ausdrucke ein Musikinstrument. Die Ableitung des Wortes von ינגן[1]) (texit), aus welcher Wurzel מגן (clypeus) stammt, das gleichsam die Form des Instrumentes נגינה angeben soll, sowie die Ableitung von נגה (splenduit)[2]) ist vollkommen willkürlich und unrichtig.[3]) Die Wurzel des Wortes ist vielmehr נגן[4]) berühren, insbesondere „pulsavit fides". Diese Bedeutung geht aus I. Sam. XVI, 161, XVIII, 10 u. a. O. und insbesondere aus Ps. LXVIII, 26 hervor, wo die נֹגְנִים (Spielleute) ausdrücklich von den שָׁרִים (Sängern) unterschieden werden. Diese Ableitung beseitigt nicht nur alle grammatikalischen Schwierigkeiten, sondern gibt auch den besten Sinn. Durch das Zupfen der Saiten (נגן) werden dieselben zum Tönen gebracht, daher ist die Bedeutung נגינה zunächst nicht die eines Saiteninstrumentes, sondern vielmehr die des Saitenspieles. Mit der Präposition בְּ haben die Überschriften die Bedeutung, dass

[1]) Durch Versetzung des „נ" und Einfügung des „ה".

[2]) Welche Bildung durch Abwerfung des dritten Radicals und Einfügung eines „נ" erklärt wird.

[3]) Schikard. Horol. ex Buxtorff. Thesauro grammat., p. 40.

[4]) Die Ableitung Fürsts (Concordanz) גן = can-ere, singen, ist sehr unwahrscheinlich.

dieser Psalm mit Begleitung des Saitenspieles unter Ausschluss der übrigen Instrumente gefunden werden soll.

Jedenfalls sind nicht alle Psalmen mit denselben Instrumenten begleitet worden. So wie es dem Inhalte und auch der äußeren Form nach verschiedene Psalmen gibt, die ja auch durch gewisse Bezeichnungen (שיר, מזמר, נהי, נבואה, תהלה, קינה, משלים, משכיל u. a.) unterschieden werden, ebenso werden sie nach verschiedenen Melodien gesungen und von den passendsten Instrumenten begleitet worden sein. Manche Psalmen mögen mit dem ganzen Musikapparate, andere nur mit Flöten und unsere Psalmen bloß mit den Saiteninstrumenten ausgeführt worden sein. Es ist also wahrscheinlich unter נגינות nicht ein bestimmtes, sondern überhaupt Saiteninstrumente zu verstehen.[1])

g) Nechiloth (נְחִילוֹת).

In ähnlicher Weise wird auch אֶל־הַנְּחִילוֹת, das nur im Psalm V als Überschrift vorkommt, als allgemeiner Ausdruck für Flöteninstrumente zu fassen sein. Die LXX und Theodotion: ὑπὲρ τῆς κληρονομούσης, Vulgata: pro ea, quae hereditatem consequitur, Aquila: ὑπὲρ κληροδοσιῶν, Symmachus: ὑπὲρ κληρουχιῶν fassen die Überschrift als eine Devise des Psalm-Inhaltes auf und leiten das Wort von נחל (nachal) ab. Allein das vorhergehende לַמְנַצֵּחַ macht es sehr wahrscheinlich, dass wir auch hier einen musikalischen Ausdruck zu verstehen haben.

Nach dem Talmud hat נחיל die Bedeutung von examen apum; daher soll nach R. David Kimchi eine Tonweise, welche dem Gesumme der Bienen ähnlich ist, nach R. Hay aber ein Musikinstrument, dessen Ton gleich לרשיקת דבורים susurro apum, oder nach Reggio ein die Bienen besingendes Lied bezeichnet werden. Vorzuziehen

[1]) Diese Ansicht vertritt Pfeiffer, Dub. Vexat., p. 643: נגינה est nomen generale omnium instrumentorum fidibus constantium et tactilium. Eduard Leigh. Crit. s. p. 135; נגן notat manu pulsavit fides. Nomen נגינה inde deductum significat instrumentum musicum, quod pulsatur digito vel plectro. I. Sam., XVI, 24: (נִגֵּן בְּכִנּוֹר). Nam vocabulum hoc generale est, comprehendit omnia instrumenta musica fides seu chordas habentia, quae digitis pulsari possunt. Cf. Rob. Bellerm., Comment., p. 18, u. a. Es ist jedoch בִּנְגִינוֹת nicht von לַמְנַצֵּחַ abhängig und daher nicht mit Geier, Hietzig zu übersetzen: „dem Vorsteher über das Saitenspiel". Denn wie Delitsch (Comm. z. d. Ps., S. 84) bemerkt, bezeichnet מְנַצֵּחַ nicht den Dirigenten, wogegen die Überschrift der assaphischen Psalmen und insbesondere I. Chron. XV, 17—21 spricht, wo die Direction durch לְהַשְׁמִיעַ ausgedrückt erscheint. Der מְנַצֵּחַ ist der Sangmeister, welchem (לְ) vielleicht von dem שַׂר לְוִיִּם בְּמַשָּׂא (I. Chron. XV, 22) die Psalmen zu arrangieren und einzuüben übergeben wurde.

ist aber die Auffassung von Dyserink[1]), der die Übersetzung gibt: „met fluiten“.

Die Wurzel ist חלל perforavit, und נחילות oder נְחלוֹת ist ähnlich wie נְסִבָּה von סבב (II. Chron. X, 15) gebildet. Das Durchbohren bezieht sich aber nicht auf das Einbohren der Löcher, sondern auf den Corpus des Instrumentes, der ausgehöhlt ist, ähnlich wie αὐλός überhaupt Röhre heißt.

Eduard Leigh[2]) sagt: „נחילות esse instrumenta musica pneumatica, uti fistulae, tubae, buccinae, quae sonum edunt instar torrentium.“

h) Machol (מָחוֹל).

Pfeiffer (l. c.) bringt mit dem Worte חליל, welches mit dem griechischen αὐλός aus dem phönizischen חלילא stammen dürfte, noch andere Worte in Verbindung. Dazu gehört מְחלוֹל (Machol), welches durch das vorgesetzte מ unstreitig ein Instrument ausdrücken soll, das von חליל nicht viel unterschieden gewesen wäre. Einen Hauptgrund für seine Ansicht sieht Pfeiffer darin, dass an allen Stellen, wo dieses Wort in der Heiligen Schrift vorkommt, die Übersetzung mit „Flöte“ einen guten Sinn gebe. So II. Mos. XV, 21, wo Mirjiam an der Spitze eines Frauenchores mit „Pauken und Flöten“ steht; Richt. XI, 34, wo Jephtes Tochter und eine Jungfrauenschar[3]) den siegreich heimkehrenden Vater empfängt mit „Pauken und Flöten“. Ebenso würde in Richter XXI, 21 und Jerem. XXXI, 4, 13 Machol mit dieser Übersetzung passend sein, und im Ps. CL, 4 keine andere Deutung zulassen. Ähnlich Haremberg.[4]) Allein die angeführten Gründe sind nicht beweisend. Denn ebensogut, wenn nicht noch sinngemäßer, ist an sämmtlichen Stellen, wo dieses Wort vorkommt,[5]) die Übersetzung mit Reigentanz, als lebhafte äußere Darstellung des freudig erregten Gefühles. Gerade bei Naturvölkern stehen die drei Schwesterkünste Poesie, Musik und Tanz im innigen Bunde. „Die Verbindung dieser Künste bei allen rohen Völkern ist ziemlich erwiesen. Selbst bei den Griechen ist das Drama nur aus dem Chore, d.h. aus Poesie mit Musik und Tanz

[1]) Holländischer Psalter, Harlem 1871.

[2]) In Crit. s. ad radic. חלל.

[3]) Auf ägyptischen Monumenten sieht man häufig Frauen die Flöte (Doppelflöte) blasen.

[4]) Miscellan. Lips. nova, IX, p. 256.

[5]) Außer an den obgenannten Stellen findet sich Machol noch II. Mos., XXXII, 19; I. Kön. IV, 31; Ps. XXX, 12, CXLIX, 3; Klagel. V, 15; Hohes Lied VII, 1.

begleitet, entstanden. Dass in einem schmalen ersten Umfang alle drei natürlich zusammengehören, ist unleugbar: denn eine gewisse Poesie ist todt ohne Ton, und die natürlichste Musik ist todt ohne Dichtkunst. Jene gibt nur eine Reihe dunkler, unbestimmter Empfindungen, die, aufgehellt durch die Worte, bestimmt werden sollen; dass beide Künste zum Tanz führen, sieht man bei Kindern. Musik will Tanz, lebhafte Empfindung in Worten ausgedrückt, will Ausdruck der Geberden.“ [1])

Die Ableitung des Wortes מחול von חול und seine Übersetzung mit Tanz erklärt sich auch sehr gut aus dem Syrischen.[2]) Die LXX hat auch χορὸς übersetzt. Insbesondere ist Richt. XXI, 21 zu beachten, wo der Infinitiv לָחוּל bei בַּמְּחֹלוֹת diese Bedeutung außer Zweifel setzt. Bei II. Mos. XXXII, 19 kann man an ein Instrument gar nicht denken; es ist kein geordneter Reigentanz, sondern nur ein wildes Lärmen und Springen des um das goldene Kalb versammelten Volkes. Ferner steht im Ps. XXX, 12 und Hohes Lied VII, 1 Machol als Gegensatz zur Trauer. Dieser Gegensatz liegt wohl in der Bedeutung Tanz, da dieser ein Ausdruck der Freude ist, aber nicht in der eines musikalichen Instrumentes, welches sich ja auch zum Ausdrucke der Trauer eignen könnte, zumal da die Flöte, an die Pfeiffer hier denkt, thatsächlich auch bei Leichenfeiern gespielt wurde (Matth. IX, 23).

Einem Ausdrucke, der mit Machol verwandt ist, begegnen wir in der Überschrift zu den Psalmen LIII לַמְנַצֵּחַ עַל־מַחֲלַת und LXXXVIII noch mit dem Zusatze לְעַנּוֹת. LXX hat hier das hebräische Wort beibehalten: ὑπὲρ Μαελὲθ und ὑπὲρ Μαελὲθ τοῦ ἀποκριθῆναι: ähnlich die Vulgata: Pro Macheled ad respondendum. Aquila: ἐπὶ χορείᾳ: Symmachus: διὰ χοροῦ; Theodot.: ὑπὲρ τῆς χορείας. Verschieden ist die Auffassung des heil. Augustin, der zwar die Überschrift des Ps. LIII wiedergibt mit pro Amalech, aber pro parturiente aut dolente übersetzt. Diese Übersetzung steht dem Maheleth näher, nur ist im ganzen Psalme von einer Krankheit keine Rede, eher noch im Ps. LXXXVIII, wo wir wenigstens etwas derartiges lesen: „sicut vulnerati dormientes“; „aut medici suscitabunt“ und ähnliches. Im Psalm LXXXVIII aber hat er: Pro Melech ad respondendum, was dasselbe sei, als wenn man sage: Pro choro ad respondendum, dass nämlich der Chor dem Vorsänger respondiere.

[1]) Herder, Geist der hebr. Poesie, II, S. 266 ff.

[2]) Gesenius, Handwörterb. s. h. v. חול, eigentlich kreisen, sich im Kreise bewegen; arab. حال.

Die LXX-Interpreten haben in der griechichen Sprache offenbar keinen passenden Ausdruck für מחלת gefunden und darum das Originalwort beibehalten. Jedenfalls verstanden sie darunter weder χορὸς, noch αὐλὸς. Da wir aber לַמְנַצֵּחַ vorgesetzt finden, scheint die Überschrift doch auf einen musikalischen Ausdruck hinzudeuten.

Da im hebräischen Texte מַחֲלַת im status constructus steht, so glaubt man, dass irgend ein Wort noch dazu gehört, welches als bekannt weggelassen, und damit der Anfang eines bekannten Liedes, nach Ewald eines Bußliedes, angedeutet sei. Delitsch[1]) substituiert לֵב oder ein ähnliches Wort, womit das Musterlied begann. Nach seiner Meinung könnte aber der Ausdruck מַחֲלַת, da nach II. Mos. XV, 26 מחלה Schlaffheit, Krankheit, Wehe bedeutet, als alte Femininform genommen, auch der Name einer elegischen Tonart sein. Dann würde die Übersetzung lauten: nach schwermüthiger Weise und unserer musikalischen Bezeichnung „mesto“ nahekommen.

Allein letztere Annahme scheint denn doch eine nicht zulässige Übertragung unserer modernen musikalischen Ausdrücke in jene alte Zeit zu sein. Da die Dichter zugleich Compositeure waren, jene alten Melodien wahrscheinlich doch nur eine potenzierte Sprache oder doch auf den Gesetzen der Sprachmelodie aufgebaut waren, dürfte die Beifügung derartiger Kunstausdrücke zur richtigen Wiedergabe der Melodie kaum nöthig gewesen sein.

Die erstere Ansicht, nach welcher עַל־מַחֲלַת die Anfangsworte einer bekannten Melodie sind, nach welcher der Psalm gesungen werden soll, ist jedenfalls vorzuziehen. Im Ps. LXXXVIII würde לְעַנּוֹת vom Wettgesange zweier Chöre zu verstehen sein.[2])

---

[1]) Bibl. Comment. d. Ps., S. 381.

[2]) Saalschütz (Von der Form der hebr. Poesie, S. 361 ff.) stellt die Behauptung auf, dass מַחֲלַת mit מָחוֹל dieselbe Bedeutung haben könnte und dass unter ersterem eine feierliche Procession (חול, im Kreise herumgehen) zu verstehen sei, bei welcher diese Psalmen gesungen wurden. — Es waren die in der Heiligen Schrift mit מָחוֹל bezeichneten Tänze wahrscheinlich Bewegungen, die dem Takte einer feierlichen Musik entsprachen, und wir können sie uns etwa nach der Beschreibung, die Jahn (Archäolog., I. Th., I. Bd., S. 514) von den Tänzen der Griechinnen und morgenländischen Christinnen gibt, denken. „Eine geschickte Schöne“, sagt er, „ist die Vortänzerin und macht, genau nach dem Takte, der von den Adufen geschlagen wird, nicht nur verschiedene Schritte, sondern auch mit den Händen und mit dem ganzen Leibe verschiedene Stellungen und Geberden, die zwar an keine gewissen Regeln gebunden, aber doch nichts weniger als kunstlos sind . . . Die übrigen machen alle Schritte, Stellungen und Geberden der Vortänzerin genau nach und folgen derselben in einem Kreise, welcher bei den Griechinnen einen Halbmond. im Orient aber einen ganzen Zirkel ausmacht; dies ist der einzige Unterschied, welchen Reisende

Dass es solche Psalmen gibt, die ihrer inneren Anlage nach zu einem antiphonaren Gesange eingerichtet sind, ist wohl sicher. So sehen wir im CXVIII. Psalme die Worte „quoniam in saeculum misericordia ejus“ viermal als zweite Vershälfte wiederkehren. Es scheint dieser Theil jedesmal im zweiten Chore beantwortet zu sein, wie es jetzt noch in den Synagogen geschieht. Im Talmud finden sich verschiedene Meinungen über die Ausführung dieser Wettgesänge. Wahrscheinlich wurde der in zwei parallelen Sätzen ausgedrückte Gedanke von je einem Chore gesungen; kehrte der Gedanke aber nicht in Form des Parallelismus der Glieder zurück, dann wurde der Satz von beiden Chören nacheinander gesungen.

2. Die Blasinstrumente.

a) Flöten.

Die Flöte (חליל[1]) kommt in den heiligen Schriften des Alten Testamentes an folgenden Stellen vor: I. Sam. X, 5; I. Kön. I, 40; Jesai. V, 12, XXX, 29; Jerem. XLVIII, 36; I. Machab. III, 45; Ecclesiastic. XL, 21 (αὐλὸς[2]), LXX); Judith III, 10 (tibia, Vulgata). In den Abbildungen der ägyptischen, asiatischen und griechischen Musikinstrumente begegnen uns die verschiedensten Arten von Flöten. Man kann sie eintheilen in einfache, die wieder in Lang- und Quer-Schrägflöten unterschieden werden, in Doppelflöten mit gleich- oder ungleichlangen Röhren, und endlich in vielröhrige.

Die Flöte ist in Ägypten schon in den ältesten Zeiten bekannt. Beweis dafür sind die Grabdenkmale, welche der vierten Dynastie angehören, die in den Abbildungen unter anderen Instrumenten auch Quer- und Langflöten zeigen.[3]) Die Erfindung der einfachen Flöte

---

zwischen den Tänzern der morgenländischen Christinnen und den Griechinnen angemerkt haben.“ Jahn vergleicht a. a. O. S. 115 Mirijam, II. Mos. XV, mit einer solchen Vortänzerin.

[1]) Von חלל, bohren, höhlen, durchbohren; arab. حل. Auch bei den Griechen wurde die Flöte mit einem ähnlichen Ausdrucke benannt: τρητοὶ δόνακες, durchbohrte Röhren. Von Alkäos, l. I. c. 11 und Epigram. 1: λωτοὶ πολύτρητοι, Flöten mit vielen Löchern. Bei Apulejus Florid., 1: Pluriformi et multiforabili tibia.

[2]) Hesychius hat eigenthümlicherweise unter dem Worte αὐλός· κιθάρα ἡ σύριγξ. Entweder ist κιθάρα eine Glosse, die sich eingeschlichen hat, oder es ist αὐλὸς in seiner weiteren Bedeutung von einem länglichen, röhrenartigen Gegenstand gebraucht, ähnlich wie bei Athen., l. V, 189.

[3]) Lepsius, II. Abth., Taf. 74. In einem der fünften Dynastie angehörigen Grabe bei Gizeh sind acht Flöten abgebildet.

(μόναυλος) schrieben die Griechen den Ägyptern, und zwar dem Osiris zu.[1]) Wenn nun verschiedene Erfinder[2]) der Flöte von den Schriftstellern genannt werden, so erklärt sich dies sehr leicht von den verschiedenen Abarten dieses Instrumentes, deren Athenaeus und Pollux eine große Menge aufzählen. Die ägyptische Langflöte hieß Mom oder Mam.[3])

Bei den Phöniziern, Syrern und Phrygern, wo der ägyptische, sowie assyrisch-babylonische Einfluss der Cultur unverkennbar ist, wurde die Flöte[4]) mit besonderer Vorliebe cultiviert. Noch zur römischen Kaiserzeit standen die phönizischen und syrischen Flötenbläserinnen wegen ihres Lebenswandels in üblem Rufe.[5])

Specifisch syrisch ist aber jene Flötenmusik, womit man Adonis, den getödteten, gesuchten und wiederauflebenden, feierte, und die

[1]) Athenaeus, l. IV, p. 175: Ἰόβας μὲν γὰρ ἐν τῷ προειρημένῳ συγγράμματι Αἰγύπτους φησὶ λέγειν τὸν μόναυλον Ὀσίριδος εἶναι εὕρημα. Jul. Pollux, l. IV, 10, sagt: Μόναυλος εὕρημά ἐστιν Αἰγυπτίων; παρὰ δὲ Αἰγυπτίοις πολύφθογγος αὐλὸς, Ὀσίριδος εὕρημα ἐκ καλάμης κριθίνης. Eustachius zur Iliade, VII: Παρὰ Ἀλεξανδρεῦσιν ἦν μόναυλος κάλαμος, Ὀσίριδος φάσιν εὕρημα.

[2]) In schönen Versen beschreibt Lucretius die Erfindung derselben durch Hirten, l. 5:

„Ut Zephiri cava per calamorum sibila primum
Agrestes docuere cavas inflare cicutas.
Inde munitatim dulces didicisse quaerelas
Tibia quas fundit, digitis pulsata canentum
Avia per nemora ac silvas saltusque reperta,
Per loca pastorum deserta atque otia dia.“

Diodor. v. Sic., Melanippides (b. Athen., l. XIV. 616) schreiben die Erfindung der Flöte der Minerva, Plutarch (De Musica, c. XII) dem Apollo, die phrygische Sage dem Marsyas, jedoch auch dem Hyagnis nach der Parischen Marmorchronik zu: Ὕαγνις ὁ Φρὺξ αὐλοὺς πρῶτος εὗρεν ἐν κελαναῖς, πολεῖ τῆς Φρυγίας καὶ τὴν ἁρμονίαν τὴν καλουμένην Φρυγιστὶ πρῶτος ηὔλησε. Er soll in der zehnten Epoche gelebt und Zeitgenosse des athenischen Königs Erichtonius (1560 v. Chr.) gewesen sein. Suidas versetzt ihn in die Zeit der Richter. In Ägypten waren sie schon damals seit undenklichen Zeiten bekannt und im allgemeinen Gebrauche. Plinius (Histor., l VIII): Fistulam et monaulum Pan Mercurii, obliquam tibiam Midas in Phrygia invenit, geminas tibias Marsyas in eadem gente. Bei Athen., IV, p. 175, werden die Meder Seuthes und Phonakes als Erfinder einer Hirtenflöte genannt.

[3]) Burmeister (Denkmäler des classischen Alterthums, S. 562) spricht die Vermuthung aus, dass der griechische Name μόναυλος ursprünglich nicht von μόνος, sondern von dem ägyptischen Worte Mom herstamme. Der ägyptische Name bei Rosellini, Mon. d. Egitto, Mon. civ., tom. III, p. 27.

[4]) Pollux, IV, 75: Μόναυλος· μέμνηται μὲν αὐτοῦ Σοφοκλῆς ἐν Θαμύριδι, τὸ δὲ εὕρημά ἐστιν Αἰγυπτίων, αὐλεῖ δὲ μάλιστα τὸ γαμήλιον, λέγεται καὶ Φρύγας εὑρεῖν μόναυλον θρηνητικὸν, ᾧ κεχρῆσθαι τοὺς Κάρας παρ' ἐκείνων λαβόντας.

[5]) Horaz, Sat. II, Ambubajarum collegia — hoc genus omne.

in Syrien Abobas, in Cypern Gingras hieß, daher letzteres Wort auch zu einem Beinamen des Adonis selbst wurde.[1]) Die Gingrasflöte war ein kurzes Pfeifchen, eine Spanne lang, und hatte einen hohen, scharfen und kläglichen Ton;[2]) die karischen Pfeifen[3]) waren ihr ähnlich und wurden bei Klagegesängen gebraucht. Solin in Polyhist. 5, 19 erwähnt eine gingrina tibia, welche vielleicht dieselbe ist, die von den Griechen Giglaros (Niglaros) genannt wird und nach Pollux ägyptischen Ursprunges ist.[4]) Die Athener liebten die Gingrasflöte bei Mahlzeiten zu hören.[5])

Von den arabischen Langflöten sind insbesondere zu nennen: die oboeartige Zamr oder Zurna[6]) in drei verschiedenen Arten, das clarinettartige Erakieh und die Schnabelflöte Chabbabeh oder Suffarah.

Bei den Griechen findet sich unter den Langflöten der oboeartige Monaulos oder auch vorzugsweise Aulos genannt, als das eigentliche Instrument der Künstler; aber auch einfache Schnabelflöten kommen vor.[7])

Die Querflöte, bei den Ägyptern Sebi[8]), bei den Griechen Plagiaulos genannt, ist nach Pollux von den Lybiern[9]) erfunden worden und unserer modernen Flöte, natürlich abgesehen von der complicierten Mechanik, ähnlich. Nach Athenaeus[10]) wird der Plagiaulos ganz bestimmt Photinx genannt.

---

[1]) Pollux, IV, 76: Γίγγρας δὲ μικρός τις αὐλίσκος, γοώδη καὶ θρηνητικὴν φωνὴν ἀφιείς, Φοῖνιξ μὲν ὢν τὴν εὕρεσιν . . . ἡ δὲ Φοινίκων γλῶττα Γίγγραν τὸν Ἄδωνιν καλεῖ καὶ τούτῳ ὁ αὐλὸς ἐπωνόμασται.

[2]) Athen., IV, p. 174: Γιγγραίνοισι γὰρ οἱ Φοίνικες, ὥς φησιν ὁ Ξενοφῶν ἐχρῶντο αὐλοῖς, σπιθαμαίοις τὸ μέγεθος, ὀξὺ καὶ γοερὸν φθεγγομένοις. Τούτοις δὲ καὶ οἱ Κᾶρες χρῶνται ἐν τοῖς θρήνοις.

[3]) Pollux, IV, 10: Πρόσφορος δὲ μούση καρίνη.

[4]) Pollux, IV, 82: Γίγλαρος (νίγλαρος) μικρός τις αὔλισκος αἰγύπτιος, μονῳδιὰ πρόσφορος.

[5]) Athen., IV, p. 174. Nach Hesychius scheint an dieser Flöte nicht viel gewesen zu sein, da er sagt: Γίγγρας καὶ γίγγρια μικρὸς αὐλὸς, ἐν ᾧ πρῶτον μανθάνουσι.

[6]) Zurna (Surnai). Nach Silv. de Sacy zusammengesetzt aus سور = Fest, Hochzeit, und نای Flöte.

[7]) Bei Athen., l. IV, und l. XIV, sowie bei Pollux, l. IV, 9—12, findet sich Genaueres über die griechischen Flöten.

[8]) Verwandt mit Sebé, calamus. Rohr, insbesondere Schreibrohr (Röth, I, 112); die ältesten Flöten scheinen aus Rohr gemacht worden zu sein.

[9]) Pollux, IV, 74: Αὐλῶν δὲ εἴδη πλάγιος, λώτινος Λιβύων τὸ εὕρημα. Aber nach Athen., IV, 185, von den Ägyptern, insbesondere von Osiris.

[10]) Athen., l. IV, p. 175: Ἰόβας μὲν γὰρ ἐν τῷ προειρημένῳ συγγράμματι, Αἰγυπτίους φησὶ λέγειν τὸν μόναυλον Ὀσίριδος εἶναι εὕρημα, καθάπερ καὶ τὸν καλούμενον φώτιγγα πλαγίαυλον. Dagegen gibt ihr Hesychius wieder die Gestalt einer geraden Flöte mit den Worten: Φώτιγξ· σύριγξ, λώτινος αὐλὸς (ὡς) εἶδος σάλπιγγος. Deminut.: Photingion bei Athen., IV, 183.

Von den Schrägflöten sieht man häufig Abbildungen; da die Röhre ziemlich lang und an ihrem unteren Theile mit Löchern versehen ist, müssen die Arme weit ausgreifen. In ähnlicher Weise wird noch jetzt die arabische Flöte Nay gespielt.

Die Worte des Apulejus[1]: „Ibant et tibicines dicati magno Serapi: tibicines, qui per obliquum calamum ad aurem porrectum dextera, familiarem templi, Deique modulum frequentabant" können sowohl von der Quer-, als auch von der gekrümmten phrygischen Elymasflöte verstanden werden. Wahrscheinlich sind aber letztere gemeint, die mit dem Serapisdienste zur Zeit der Ptolomäer aus Asien eingeführt wurden. Daher finden sich auch keine Abbildungen auf den älteren Monumenten. In der classischen Epoche scheinen die Hellenen die Querflöte wenig cultiviert zu haben; später wurde sie wie der Monaulos bei heiteren Gastmählern und Hochzeitsfesten gerne gehört.[2] Die griechischen Kunstdenkmäler ignorieren sie gänzlich, obwohl die Stellung des Flautotraversisten von vorne gesehen malerischer ist, als jene des Langflötenbläsers.

In das tiefe Alterthum und in die kindlichen Zustände der Musik herab reicht das Spiel der Doppelflöte. Sie ist aber nicht das ausgebildetere, sondern das alterthümlichere Instrument, der Übergang von der vielröhrigen Syrinx zur einfachen Flöte. In ägyptischen Grabmonumenten[3] finden sich zahlreiche Abbildungen, nur lässt sich an denselben die Zahl der Löcher, sowie die Beschaffenheit des Mundstückes nicht erkennen; gewiss waren die Röhren nicht verbunden, auch wurden sie ohne Phorbeia[4] (bei den Römern capistrum genannt) geblasen. Sehr häufig werden sie von Frauen gespielt. In den ägyptischen Monumenten bemerkte man keine Doppelflöte mit ungleichen Röhren.[5] Aber

[1] Metam., l. XI, c. 9.

[2] Posidonios bei Athen., l. IV, p. 176, sagt: Photinx und Monaulos sind für Festlichkeiten und nicht für den Krieg, κώμων, οὐ πολέμου ὄργανα. Cf. Pollux, IV, 75.

[3] Abbildungen bei Wilkinson, Manners und Costums, I, 428. — Sieh im Anhange.

[4] Bei den Griechen und Römern musste sich der Bläser ein breites Leder mit zwei Löchern, durch welche die Flötenröhren gesteckt wurden, vor den Mund binden. Manche meinten, dies sei geschehen, um das Entweichen des Athems zwischen den beiden Flöten zu verhindern. Fetis aber glaubt, dadurch sei den Flöten ein Halt gegeben worden. In späterer Zeit wurden beide Flötenröhren in demselben Holmos befestigt und mit derselben Glottis angeblasen.

[5] Dass es aber überhaupt solche gegeben, lesen wir bei Pollux, l. IV, 80: καὶ τὸ μὲν γαμήλιον αὔλημα δύο ἦσαν αὐλοί, μείζων ἅτερος, συμφωνίαν μὲν ἀποδηλοῦντες, μείζω δ' εἶναι χρῆναι τὸν ἄνδρα. Οἱ δὲ παροίνιοι σμικροὶ μὲν, ἴσοι δ' ἄμφω· τὴν γὰρ ἰσότητα συμποσίῳ πρέπειν.

auch auf assyrischen Monumenten ist dieses Instrument zu bemerken.[1])

Varro nennt die Doppelflöte mit ungleichen Röhren tibiae phrygiae, die mit gleichlangen tibiae sarranae, tyrische Flöte.[2]) In der römischen Kaiserzeit sieht man insbesondere bei Darstellungen, welche dem Cultus der Kybele entstammen, an der linken Flöte einen gekrümmten Ansatz. Es ist ohne Zweifel der Elymos oder das berekynthische Horn, die phrygische Flöte.

An etruskischen und römischen Flöten findet sich häufig ein Schalltrichter, ähnlich wie bei unseren Trompeten; derselbe hat auf den Klang keinen Einfluss, sondern verstärkt nur den Ton.

Anfangs scheint die Doppelflöte, wenigstens bei den Griechen, nur dazu gedient zu haben, um dem Bläser ein größeres Tongebiet in tiefen und hohen Tönen zu eröffnen, wenn er es nicht wie Alexandrides verstand, tiefe und hohe Töne auf demselben Flötenrohre hervorzubringen. Wenigstens sagt Apulejus[3]): „Primus Hyagnis in canendo manus discapedinavit, primus duas tibias uno spiritu animavit, primus laevis et dextris foraminibus acuto tinnitu et gravi bombo concentum musicum miscuit.“ Als beide Flötenröhren in demselben Holmos befestigt, mit derselben Glottis geblasen wurden, mussten sie natürlich zusammen ertönen.

Das Material, aus welchem die Flöten verfertigt wurden, war anfangs Rohr, bisweilen Buchsbaum-, Lorbeer- oder Lotosholz, auch Knochen, später Elfenbein.[4])

Hinsichtlich der Construction müssen wir aber zwei Kategorien unterscheiden. Die erstere umfasst jene Instrumente, in welchen der Ton erzeugt wird durch den Luftstrom, der an einer scharfen Kante gebrochen wird, sei es wie bei unserer modernen Flöte (Querflöte der Alten), wo der Luftstrom sich an der Kante des Blasloches bricht, oder an der oberen Rohröffnung, wie bei der Panflöte,

---

[1]) Auf dem Basrelief zu Kojundschik bemerkt man im Musikerzuge einen Mann und eine Frau eine solche Doppelflöte blasen.

[2]) Bei Serv. zu Virg. Aen., IV, 618.

[3]) Apuleius (Florida I.).

[4]) Pollux, IV, 9: Ἡ ὕλη τῶν αὐλῶν κάλαμος, ἢ χαλκὸς ἢ λωτὸς ἢ πύξις, ἢ κέρας, ἢ ὀστοῦν ἐλάφου κλάδος τὴν ἐντεριώνην ἀφῃρημένος. Bei Plutarch, Sympos., p. 150, werden τὰ νέβρεια jene Hirschknochen genannt, aus welchen Flöten gemacht wurden. Antipater, Anthol., l. IV, c. 28; Ep. XIII: Νέβρειοι αὐλοί. Auch Athen., l. IV, p. 182: Θηβαίων δὲ εὕρημα φησὶν εἶναι Ἰόβας τὸν ἐκ νεβροῦ κώλων κατασκευόμενον αὐλόν. Athen., l. IV, p. 176, erwähnt Tryphon auch der ἐλεφάντινοι αὐλοὶ, welche zuerst die Phönizier gemacht haben. Propertius, l. IV; Eleg. VI: tibiae eburneae. Auch vom stärkeren Schilfrohr (Theophrast. H. Pl., l. IV, c. XII).

oder auch an der zu einem schnabelartigen Ansatze zugespitzten oberen Rohröffnung, wie bei den Pfeifen, womit sich die Kinder vergnügen.

Die zweite Kategorie umfasst jene Instrumente, deren Luftstrom mittelst eines Mundstückes in Bewegung gesetzt wird, wie bei unserer Clarinette, Oboe und Fagott. — Darin ist auch der Grund des verschiedenen Toncharakters und der Klangfarbe zu suchen.

Die griechischen und römischen Schriftsteller machen daher auch einen genauen Unterschied zwischen αὐλὸς (tibia) im engeren Sinne[1]) und σῦριγξ (fistula)[2]). Die Schriftsteller belehren uns auch, dass unter αὐλὸς (tibia) die Instrumente mit einem Mundstücke[3]) zu verstehen sind, während die Syrinx[4]) nach Art der modernen Flöte zum Ertönen gebracht wird.

Aber auch unter den mit αὐλοὶ (tibiae) bezeichneten Instrumenten, die mit Mundstück versehen waren, müssen wir einen Unterschied constatieren, den wir an unseren Clarinetten und Oboen (Fagott) wiederfinden. Er ist bedingt durch das sogenannte einfache und doppelte Mundstück. Ersteres besteht, wie bei unserer Clarinette, aus einer Zunge, die, in einer Einfassung liegend, an ihrer freien Seite durch den Luftstrom in Bewegung gesetzt wird. Das doppelte Mundstück besteht aus zwei Zungen, welche so übereinander gelegt und verbunden werden, dass zwischen beiden der Luftstrom hindurchzieht und sie in Schwingungen versetzt. Das erstere war an cylindrisch, das letztere an conisch gebohrten Röhren angebracht.

Wenn auch im Alterthume beide Arten von Mundstücken bekannt waren, kann man doch mit ziemlicher Sicherheit behaupten, dass die meisten Auloi nur ein einfaches Mundstück hatten, also unserer Clarinette ähnlich waren. Die vier in neuerer Zeit in Pompeji gefundenen Auloi (und auch verschiedene Fragmente) zeigen cylindrische Bohrung und wurden, da das Mundstück aus dem Hypholium herabgefallen und nicht gefunden werden konnte, durch

[1]) Im weiteren Sinne wurden bei den Griechen die zahlreichen Blasinstrumente, mit Ausnahme der Hörner und Trompeten, mit αὐλοὶ bezeichnet.

[2]) Athen., l. XII, p. 517 a. Wenn die Lydier in den Kampf ziehen, stellen sie die Schlachtordnung her μετὰ συρίγγων καὶ αὐλῶν (wie Herodot sagt). Athen., l. I, p. 16: Ἐχρῶντο τὲ καὶ αὐλοῖς καὶ σύριγξιν ἥρωες. Ὁ ἀγαῦν Ἀγαμέμνων „αὐλῶν καὶ συρίγγων ἐνοπήν“ ἀκούει . . . (Ilias X). Auch Horat., Carm., l. IV, I, 1. Apulej., Metam., l. XI, 9.

[3]) Pollux, IV, 67 u. 70: . . . die Blasinstrumente sind Auloi und Syringes. Die Theile des Aulos sind Mundstück, Löcher, Rohre etc.

[4]) Σῦριγξ von συρίζειν, pfeifen; σύριγμα, Pfiff.

Anfügen eines einfachen Mundstückes so zum Ertönen gebracht, dass man eine ganz rationelle Tonfolge erhielt.

Auch die ägyptischen Auloi in den Museen von Leyden und Louvre haben dieselbe Form.

Allerdings hat man in neuester Zeit im Saxophon einer conisch gebohrten Röhre ein einfaches Mundstück gegeben und dadurch eine neue Abart geschaffen. Jedoch die Construction setzt eine solche Kunstfertigkeit voraus, wie sie der alten Zeit wohl nicht zugemuthet werden kann.

Dass die Mehrzahl der Auloi clarinettartig war, geht auch aus der Eintheilung der Flöten in fünf Classen[1]) hervor, in welchen die zwei letzten, den tiefen Stimmen entsprechend, sicherlich nicht oboeartige Instrumente gewesen sein können. Eher war es möglich, dass sie wegen ihrer hohen Stimmung für die drei ersten Classen gebraucht wurden. Es scheint aber, dass man ihren etwas schneidigen und schnarrenden Klang nicht so gerne hörte, als den helleren Ton der eigentlichen Flöte.[2])

Die Hellenen haben den Aulos mit Mundstück[3]) sicher aus Asien, und zwar über Phrygien, erhalten. Darauf deuten auch die Mythen hin. Der Phrygier Marsyas wird mit seiner Flöte im Wettkampfe von dem Kithara spielenden Apollo überwunden und furchtbar bestraft. Bippart[4]) findet in diesem Mythus eine Erinnerung an den wohl schon in uralter Zeit geschehenen Zusammenstoß, der ihrer Natur und der dabei angewandten Musik nach einander widerstreitenden Götterdienste des griechischen Apolloncultus und des phrygischen Kybelecultus. Ein anderer Mythus, der ebenfalls den Vorzug der griechischen Kithara über die phrygische Flötenmusik feiert, ist die Erzählung, wie der Phrygier Midas, der Pans Hirtenpfeife der Kithara Apollos vorzog, von ihm zur Strafe Eselsohren erhielt.

Allein trotz aller Siege Apollos über Pan und Marsyas kommt die phrygische Flötenmusik mit ihren leidenschaftlichen Melodien spätestens im VII. Jahrhunderte v. Chr. nach Griechenland. Auch die Doppelflöte wird berekynthisch, d. h. phrygisch genannt; allein

---

1) Athen. l. XIV, p. 634, e, f ... οὐ μνημονεύειν Ἀριστόξενον ἐν τῷ περὶ Αὐλῶν τρήσεως λέγοντα, πέντε γένη εἶναι αὐλῶν, παρθενίους, παιδικούς, κιθαριστηρίους, τελείους, ὑποτελείους.

2) Cf. über die Stimmung der Flöten, Gevaert, Histoire et Théorie de la Musique de l'Antiquité, tom. II, p. 270—305.

3) Die anderen Arten waren in Griechenland schon seit undenklichen Zeiten bekannt. Plutarch (De Musica, V) hat sie noch über Orpheus hinaus in Griechenland existieren lassen.

4) Bippart: Philoxeni, Thimothei, Telestis dithyrambographorum reliquiae, p. 85.

letztere finden wir viel früher bei den Assyrern, von denen sie die Phrygier erhalten haben.[1])

Die Völker Kleinasiens giengen den Hellenen in der Cultur der Flötenmusik sicher lange voraus, Herodot (I, 17) zählt unter der Militärmusik des Königs von Lydien (Allyattes) neben den Saiteninstrumenten drei verschiedene Flöten auf, nämlich die Syrinx und den männlichen und weiblichen Aulos. Allerdings wurde dieses Instrument bei den Griechen sehr ausgebildet und vervollkommnet.

Die Flöte, welche anfangs nur sehr wenig Löcher hatte, wurde (nach Pollux, IV, 10) vom Thebaner Diodoros mit mehreren versehen. Während früher für jede Tonart ein eigenes dafür gestimmtes Instrument nöthig war, hatte Pronomos[2]) durch gewisse Vorrichtungen (vielleicht durch Anfügung einer oder mehrerer Verlängerungen, die abgenommen werden konnten) bereits auf demselben Instrumente die verschiedenen Tonarten zu spielen vermocht. Plato nennt den Aulos πολυχορδότατος. Aristoxenos[3]) sagt, dass eine einzige Flöte dreieinhalb Octaven umfasse.

Es gab auch tüchtige Virtuosen auf dem Aulos. Sarkos von Argos wird als der erste bezeichnet, der 586 v. Chr. bei den pythischen Spielen zu Delphi und auch später mehrmals als Sieger im Solospiele der Flöte hervorgieng.

Von der großen Ausbildung, welche diese Kunst verlangte, zeigen auch die Worte bei Pollux (IV, 72). Außer der Geläufigkeit und Fertigkeit (εὐχέρεια, ταχυχειρία) musste ein guter Aulet auf die Tonentwicklung sein ganzes Augenmerk richten. Die Kritik unterschied einen männlichen, starken, richtigen, packenden oder süßen Ton; die Tonentwicklung sollte graziös etc. sein. Strabo[4]) und Pollux[5]) überliefern uns das Tongemälde des sogenannten pythischen Flöten-Nomos, dessen Composition dem Thimosthenos zugeschrieben wird: eine Symphonie in fünf Tonsätzen, welche die Siege Apollos über den Drachen Python darstellt.

Von der Ausbildung der Flöte und ihrer complicierten Mechanik geben uns auch die Abbildungen Zeugnis. Neben den Tonlöchern sehen wir cylinderförmige, auch conisch- und trichterartige Aufsätze, welche dem vertical gehaltenen Instrumente eine horizon-

[1]) Bei Nonnus (Dyonisiaca): καὶ δίδυμοι βερέκοντες ὁμόζυγες ἔκλαγγον αὐλοί.

[2]) Athen., l. XIV, p. 631: Πρόνομος δ' ὁ Θηβαῖος πρῶτος ηὔλησεν ἀπὸ τῶν αὐτῶν αὐλῶν τὰς (τρεῖς) ἁρμονίας. Cf. Pausan. 9, 12, g, e.

[3]) In seinen Principien der Harmonik, S. 28.

[4]) Strabo, X, p. 421, c.

[5]) Pollux, X, 84.

tale Verlängerung gaben, und dadurch eine entsprechende Vertiefung des Tones ermöglichten. Man sieht an dem Rohre drehbare Ringe oder Büchsen[1]) zum Verschließen oder Öffnen der Tonlöcher mit hakenförmigen Handhaben. Aber es fehlen ihnen die verlängerten Klappen, um weit aus dem Spielfelde liegende Töne leicht und rasch zu greifen.

Das Flötenblasen gehört in der Blütezeit Athens ebenso wie das Lyraspiel zu den wünschenswerten Elementen der Bildung. Alkibiades[2]) hielt zwar das Flötenblasen ὡς ἀγεννὲς καὶ ἀνελεύθερον, weil das Gesicht verzogen würde, und man dazu nicht singen könne, daher man diese Musik den Thebanern überlassen möge, die ja doch nicht zu reden verstünden. Wenn auch sein gewichtiges Wort manche abschreckte, gieng diese Reaction über Attika nicht hinaus.

Man spielte die Flöte bei den Bacchanalien,[3]) bei Trauerfeierlichkeiten,[4]) aber auch beim heiteren, fröhlichen Mahle liebten die Athener die helltönenden Flöten.[5]) Von dem Gebrauche derselben zur Kriegsmusik bei den Lakedämoniern und Kretern berichtet Polybius[6]), bei den Lydiern Herodot[7]).

Beim Opferritus hielt der Grieche im allgemeinen musikalische Begleitung nicht so nöthig wie der Römer; nur bei Spendung von Trankopfern galt ihm die Flöte für unentbehrlich.

Wenn wir nach dieser Skizze der Auletik des Alterthums fragen, wie beschaffen nun die Flöten gewesen seien, deren in den heiligen Schriften des Alten Bundes Erwähnung geschieht, so sind wir in der Bestimmung dieses Instrumentes noch mehr auf bloße Vermuthungen angewiesen, als bei den übrigen.

Es ist wohl zweifellos, dass den Israeliten alle Flötengattungen

---

1) Wahrscheinlich sind das jene Ringe, von denen Horaz (l. I, De arte poetica) sagt:

Tibia non ut nunc aurichalco vincta tubaeque
Aemula, sed tenuis simplexque foramine pauco.

2) Plutarch in Alcibiade.

3) Catulus, Eleg. LXV: Barbaraque horribili stridebat tibia cantu.

4) Apulejus nennt die Klageweiber, welche bei Todesfällen gerufen wurden und auf Flöten bliesen, monumentarias ceraules, die Trauerchöre unter Begleitung von Flöten und Saiteninstrumenten singen. Ovid., l. IV, Fast.: Cantabat moestis tibia funeribus. Sedulius, l. III: Funereosque modos cantu lachrimante ferebat Tibicen. Pollux, l. IV, p. 176: Die Trauerflöten bei den Karern und Phönikern.

5) Athen., l. IV. p. 175; nach Athen., l. XIV, spielt die Flöte bei den Gastmählern des Königes Dionysios eine große Rolle.

6) Polybius, Megal. hist., l. IV.

7) Herodot, l. I, 17.

bekant sein konnten. Wenn auch die Querflöte in den Denkmalen Ninives und Chaldäas nicht gefunden wurde, daselbst vielleicht nicht bekannt oder, was wahrscheinlicher ist, nicht besonders beliebt und daher wenig im Gebrauch war, so hatten die Israeliten dieselbe doch in Ägypten hinreichend kennen gelernt.

Von den Ausdrücken, welche in der Heiligen Schrift auf die Flöte gedeutet werden, ist vor allen חָלִיל zu beachten; ferner נְחִלוֹת und נֶקֶב (Nekeb) (Ezech. XXVIII, 13).

Die meisten Exegeten sehen in נְחִלוֹת das Niphal Particip. fem. vom Stamme חלל, und nehmen den Ausdruck entweder als Bezeichnung für Flöten überhaupt oder geradezu für Doppelflöte.

Fetis[1]) sieht in der נְקָבֶיךָ die Doppelflöte, während Ambros[2]) größere Flöten, Jahn[3]) aber eine bei den Türken jetzt noch unter dem Namen Nay bekannte Flöte versteht. Es ist jedoch streitig, ob unter נקב ein Instrument zu verstehen ist. In den Zusammenhang will hier תֻּפֶּיךָ וּנְקָבֶיךָ, als Instrument aufgefasst, nicht gut passen. Es ist die Rede von dem mit kostbaren Steinen geschmückten Mantel des Königs von Tyrus, von den herrlichen Edelsteinen und Geschmeide. Diese Bedeutung des Wortes נקב findet sich weder in den verwandten Dialecten, noch in den alten Erklärungen. Wo in anderen Büchern des Alten Testamentes von diesen beiden Musikinstrumenten (der Handpauke und Flöte) die Rede ist (wie I. Sam. X, 5; Is. V, 12), lesen wir immer תֹּף וחליל. Der Ausdruck „תֹּף“ kann, wie das lateinische tympanum, auch zur Bezeichnung von Gegenständen gebraucht worden sein, die mit der Pauke Ähnlichkeit haben.[4]) Der heilige Hieronymus sagt, dass נקב auch die Einfassung der Edelsteine bezeichnet (pala gemmarum), was an dieser Stelle einen besseren Sinn gibt. Am wahrscheinlichsten ist unter חליל die einfache Flöte und möglicherweise unter נְחִילוֹת die Doppelflöte zu verstehen. Damit stimmt auch Saalschütz[5]) überein, nur soll letztere nicht die bei den alten Ägyptern, Assyrern und Griechen bekannte, mit zwei divergierenden Röhren, sondern die noch jetzt in Ägypten gebräuchliche, Sumara genannte Doppelflöte mit zwei enge aneinander liegenden, ungleichlangen Röhren sein, von welcher Niebuhr (Reis. Th. I, S. 180) berichtet.

Ewald sagt zwar, dass die Ansicht, נחליות seinen Flöten, eitel

[1]) Histoire gén. de la Musique, p. 396.
[2]) Gesch. der Musik, I. Bd., S. 209.
[3]) Archaeolog. (edit. 2), p. 45.
[4]) Plinius, Histor. nat., l. XXXIII. 11, 5. 52.
[5]) Form der hebr. Poesie, S. 342.

sei, weil Flöten nirgends bei Tempelmusik erwähnt werden. Der gottesdienstliche Gebrauch der Flöten, auch zur Zeit des ersten Tempels, scheint aber doch durch I. Sam. X, 5, I. König. I, 40 und Isaias XXX, 29 vollständig gesichert.

Sicher bezeugt ist der Gebrauch der Flöten[1]) im zweiten Tempel, wo neben den Trompeten, Nablen auch Flöten beim täglichen Gottesdienste im Gebrauch waren.[2]) An zwölf Tagen wurde die Flöte vor dem Altare gespielt. Nämlich am 14. Nisan beim Schlachten des Passah. Da wurde das Hallel von den Leviten gesungen und mit Flöten begleitet, die auch von Nichtleviten gespielt werden konnten.[3]) Am 14. Ijar beim Schlachten des Nachpassah, am 2. und 7. Passahtag und an den acht Tagen des Laubhüttenfestes.[4])

Die Heilige Schrift berichtet, dass außerhalb des Tempels die Flöte sehr oft und bei verschiedenen Gelegenheiten gebraucht wurde. So bei der Thronbesteigung Salomos,[5]) bei Gastereien,[6]) Tanz, Hochzeiten etc., aber auch bei Trauerfeierlichkeiten.[7]) Auf diesen doppelten Gebrauch der Flöte bei fröhlichen und traurigen Veranlassungen scheint auch das Wort Christi hinzudeuten: ηὐλήσαμεν ὑμῖν, καὶ οὐκ ὠρχήσασθε· ἐθρηνήσαμεν. καὶ οὐκ ἐκόψασθε.

Zur Zeit Christi war der Gebrauch der Flöte bei Todtenfeiern allgemein (Matth. IX, 23). Selbst der Ärmste musste wenigstens zwei Flötenbläser einladen.

[1]) Nach Maimuni (im Comment. Mischn. in Erachin, c. 3, sect. 3) waren Flöten mit Mundstück (אֲבּוּב) im Gebrauch. Es sollten beim Gottesdienst nicht weniger als zwei, aber nicht mehr als zwölf angewendet werden. Am Ende einer Tonfolge soll nur eine Flöte in einem Solo ausklingen (אבוב יחידו). Dies galt für den schönsten Schluss (חִלּוּק).

[2]) Erachin 10ᵃ.

[3]) L. c.: Die Flötenspieler waren nach R. Mair die Sclaven der Priester, nach R. Juda die Sclaven der Leviten, nach R. Jose zwei Familien aus Emaus, nur R. Charina behauptet, es wären Leviten gewesen. Cf. Tosephta 1.

[4]) Erachin, 2, 3; Tacit. hist., 5, 1. — Die Reicheren haben auch in ihren Häusern am Laubhüttenfeste Flötenbläser gerufen, um den Festtag zu verherrlichen. Mischn. Succa, c. 5, 1. Dies geschah übrigens auch an anderen Festtagen zur Erhöhung der Festesfreude; in diesem Falle galt ihr Gebrauch als heiliger.

[5]) Scacchi, De inaugur. reg. Jer. Ugolini, XXXII, 805 sqq.

[6]) In der christlichen Kirche zu Alexandrien begleitete man den Gesang bei den Liebesmahlen auch mit der Flöte. Clemens führte statt derselben als zu weltlicher Instrumente um das Jahr 109 das Saitenspiel ein.

[7]) Mischn. Cod. Baba Mezia, c. 6, n. 1. Cod. Schabbath, c. 23, n. 4. Joseph. bell. jud., 3, 9, 5. Athen.. IV, p. 174. Plinius, 10, 60.

b) Maschrokitha (מַשְׁרוֹקִיתָא).

Zur Gattung der Flöten gehört auch das bei Daniel[1]) in der Liste der Musikinstrumente viermal מַשְׁרוֹקִיתָא genannte Instrument. Das Stammwort ist שָׁרַק, welches zischen, sibilare, pfeifen und ähnliches bedeutet. Diese Wortbedeutung findet sich bei Jes. V, 26, wo Gott die fremden Völker herbeiruft, wie ein Bienenwärter die Bienen durch Pfeifen und Zischen aus dem Stocke lockt. Ebenso Isaias VII, 18, wo Gott die Fliege herbeizischt, d. h. die Völkerscharen am Nil und aus Assyrien. Sowohl hier, als auch bei den von diesem Verbum abstammenden Nomina (Jerem. XVIII, 16, in der LXX, XXVIII, 37 [hebr. Text LI, 37], Richt. V, 16) setzt die LXX συρίζειν, σύριγμα, συριγμὸς, συρισμός.

Durch das Präformativ מַ ist unzweifelhaft ein Instrument, eingerichtet zum Pfeifen, ausgedrückt. Sowohl die LXX, als auch Theodotion übersetzten mit σύριγξ.

Unter allen Blasinstrumenten gibt es aber nur die Pan- und Querflöte, auf welchen der Musiker wirklich pfeift, und zwar bei der ersteren an der Röhrenmündung oder an der Seitenöffnung der letzteren. Bei allen jenen Instrumenten, wo das Röhrenende (Nayflöte) oder das Mundstück zwischen den Lippen genommen wird, ist nicht mehr von einem Pfeifen die Rede, sondern da bläst der Spieler. Diesen Unterschied finden wir, wie schon bemerkt, von den Schriftstellern auch durch den Ausdruck beachtet.[2]) Die späteren Bücher enthalten dieses Instrument so wenig, als die vor der Gefangenschaft. Die Israeliten haben es also in Chaldäa erst kennen gelernt und nicht weiter benützt.

Nach Ovids Märchen von Pan[3]) erfunden, ist es das Haupt-

---

[1]) Daniel III, 5, 7, 10, 15. — Pfeiffer (l. c.) spricht die Vermuthung aus, dass auch II. Kön. XII, 14 hieher gehören könnte, da vielleicht aus dem ש ein ז geworden und מְזַרְקוֹת entstanden war. Die Maschrokitha würde besser zu dem Sinne passen. Allein von Psalterien (מְזַמְּרוֹת) ist hier wohl nicht die Rede, sondern nur eine Aufzählung jener silbernen und goldenen Gefäße, die nicht von jenem Gelde hergestellt wurden, das zur Tempelrestauration unter Joas von dem Volke gegeben wurde.

[2]) Plato (Respubl., III), p. 397: . . . αὐλῶν καὶ συρίγγων φωνάς.

[3]) Vergil., Ecl., 2:

Pan primus et cera calamos coniungere plures
Instituit: Pan curat oves oviumque magistros.

Beschreibung der Syrinx. Bartholini in Tractu de tibiis, l. 3, c. 6. Pollux, l. IV, 9: Ἡ δὲ ἐκ καλάμων σύριγξ Κελτοῖς προσήκει καὶ τοῖς ἐν Ὠκεανῷ νησιώταις· παρὰ δὲ Αἰγυπτίοις πολύφθογγος αὐλὸς, Ὀσίριδος εὕρημα ἐκ καλάμης κριθίνης.

instrument der bukolischen Welt. Gewöhnlich tragen es die Hirten um den Hals gehängt.[1])

Von den Hirten gieng es zu den Satyren und Silenen über; ebenso wurde es benützt bei schwärmenden, bacchantischen Umzügen.[2])

Virgil[3]) spricht von einer siebenröhrigen, Theokrit[4]) aber von einer neunstimmigen.

In der Kunstmusik hatte dieses Instrument überhaupt keine Stelle.

Spätere Juden nennen die Claviere Maschrokiten.

c) Symphonia (סוּמְפֹּנְיָה).

Auch dieser Name wird im hebräischen Texte der Bibel nirgends gefunden, sondern nur im chaldäischen bei Daniel III, 5, 10, 15 Nach Lyranus und Calmet war es ein Saiteninstrument, nach Isidor[5]) gar ein tympanum, welches, auf beide Seiten geschlagen, einen tiefen und hohen Ton gebe. Calmet geht vom griechischen Worte συμφωνία aus, das einen Zusammenklang zweier oder mehrerer Töne entweder von verschiedenen oder von einem Instrumente bedeute. Dann würde es nicht ein bestimmtes, sondern überhaupt ein mehrstimmiges Instrument bezeichnen. Allein, das ist nach dem Zusammenhang nicht der Fall. Die Stelle (Dan. III, 5) besagt: „Sobald ihr den Schall der Trompete, der Pfeife, der Kithara, der Sambuca, des Psalteriums, der Symphonia und allerlei Art des Spieles höret, so fallet nieder . . .“ Es sind zuerst bestimmte einzelne Instrumente genannt und dann im allgemeinen noch hinzugefügt וְכֹל זְנֵי זְמָרָא, welche Worte alle übrigen, nicht ausdrücklich angeführten Musikinstrumente zusammenfassen. Man kann unter זְמָרָא auch nicht Gesang allein verstehen, dem steht כֹּל זְנֵי entgegen. Denn allerlei Arten von Liedern könnten wohl nacheinander, aber nicht gleichzeitig aufgeführt werden, was doch der Text verlangt.

[1]) Vergil., De Polyphemo, Aneid., 3: „Solamenque mihi de cullo fistula pendet.“

[2]) So wird es von Diod. 17, 70 beim Umzug Alexanders in Persepolis erwähnt.

[3]) Eclog. II, 37: „Est mihi disparibus septem compacta cicutis fistula.“

[4]) Theocrit., Idyl., 8.

[5]) Orig., l. III, c. 22: Symphonia vulgo appellatur lignum cavum ex utraque parte, pelle extenta, quam virgulis hinc et inde musici feriunt. Fitque in ea ex concordia gravis et acuti suavissimus cantus.

Saalschütz[1]) meint, dass unter סומפניה wohl die נְחִילוֹת zu verstehen sein dürften, die er sich in der heute noch in der Form der bei den Fellahs unter dem Namen Argul bekannten und beliebten Abart der antiken Doppelflöte denkt. Es sind zwei enge verbundene Röhren, wovon die kürzere mit sechs Löchern zum Spiele der Melodie dient, während die längere nur einen bourdonierenden Bass hören lässt. Die Babylonier hätten also von den Griechen den Namen hergenommen, um das Zusammenklingen der beiden Flöten auszudrücken, und diese Doppelflöte Symphonia (סומפניה) genannt.

Die Überlieferung[2]) versteht unter Symphonia aber die Sackpfeife. Wenn diese Tradition richtig ist, dann haben wir über dieses Instrument auch bei Athenaeus[3]) Nachricht, wo erzählt wird, dass der König Antiochus Epiphanes zum Schalle der Symphonia gerne getanzt habe.

In Rom wurde dieses Instrument zur Kaiserzeit unter dem Namen tibia utricularis oder chorus eingeführt[4]) und erlangte bald große Verbreitung. Seneca (ep. 76) ärgert sich, dass ein Pythaules (ein Sackpfeifenbläser) im Theater mehr gelte als der Vortrag des Philosophen in der Schule. Nero wollte sogar als Utricularius öffentlich auftreten.[5]) Vopiscus erzählt im „Leben des Carinus", dass er bei

---

[1]) Form der hebr. Poesie, S. 342.

[2]) Saadia ad Dan., l. c., erklärt das chaldäische Wort: Est instrumentum musicum pastorum, simile utri inflato, et species eius instar pulmonis cum fistulis (בית הסמפנות = das Haus der Pfeifen ist der innere Theil des Blasbalges, in welchem die Pfeifen oder Luftcanäle stecken. Mischna Cholin, c. 99, 1). Weitläufig wird dies Instrument bei Ugolini, tom. XXXII, p. 39—42, beschrieben. Der hebräische Autor bedient sich des Wortes אותריקולארין טיביא = utricularis tibia. Talmud חמת הלילים uter tibiarum. Kelim 20, 2. Auch Mischna Kelim 10, § 6; 16, § 8. Die Peschito hat bei Daniel III, das Wort ܨܦܘܢܝܐ, welches verschieden erklärt wird. Bar Bahlul sagt, dass das Instrument sieben Pfeifen gehabt habe, die in einem Holzrahmen verbunden waren. In Italien wird es heutzutage Zampogna, in Syrien und Kleinasien Sambogna, bei den alten französischen Dichtern Chifonie mit Auswerfung des „m", wie im Chaldäischen Dan. III, 10 סיפניה und Syrischen ܨܦܘܢܝܐ genannt.

[3]) Athen. X, p. 439, wo von Antiochus Epiphanes die Rede ist: Εἰ δὲ καὶ τῶν νεωτέρων συναίσθοιτό τινας εὐωχουμένους ὁπουδήποτε, παρῆν μετὰ κεραμίου καὶ συμφωνίας, ὥστε τοὺς πολλοὺς διὰ τὸ παράδοξον ἀνισταμένους φεύγειν, und ebenda d: Καὶ τῆς συμφωνίας προκαλουμένης ὁ βασιλεὺς ἀναπηδήσας ὠρχεῖτο καὶ προσέπαιζε τοῖς μίμοις ὥστε πάντας αἰσχύνεσθαι.

[4]) Im unechten Dardanus-Briefe wird der chorus beschrieben als: pellis est simplex cum duabus cicutis aereis et per primam inspiratur et per secundam vox emittitur.

[5]) Sueton, „Nero" LIV.

einem Feste dem Volke hundert Sackpfeifer vorführte, daneben hundert Trompeter etc. Zu derartigen großen Volksfesten, sowie lärmenden pompösen Götzenfeiern hat der grell und schneidige Ton des Chorus sehr gut gepasst. Ob nun das chaldäische סומפניה dasselbe Instrument wie das hebräische עוגב (Ugab) sei, ist nicht ausgemacht. Die LXX übersetzt sehr verschieden. Bei I. Mos. IV, 21 ist ʿUgab wahrscheinlich gar nicht berücksichtiget, denn wir lesen als Übersetzung κιθάρα, bei Job XXI, 12, XXX, 30 ψαλμὸς und im Ps. CL, 4 ὄργανον. Eine bloß allgemeine Bezeichnung für Instrument (organon, hebr. כלי) scheint es nicht zu sein, denn wie Pfeiffer bemerkt, bedeutet עגב im Arabischen hineinblasen, und erklärt der arabische Übersetzer des Neuen Testamentes I. Corinth. V, 2 mit diesem Verbum das griechische φυσιοῦσθε. Es würde dann ein allgemeiner Ausdruck für Blasinstrumente sein. In dieser Bedeutung passt es an allen Stellen sehr gut in den Text. Bei I. Mos. IV, 21 ist Jubal der Erfinder der Saiten- und Blasinstrumente; bei Job denkt man ebenso ungezwungen an die Benützung aller Arten von Instrumenten, mit denen die Gottlosen sich unterhalten; im Ps. CL ist ʿUgab aber Minnim (den Saiten), d. h. den Saiteninstrumenten, als Collectiv-Begriff der Blasinstrumente gegenüber gestellt, und zwar so, dass an ein bestimmtes Blasinstrument überhaupt nicht gedacht werden kann.

d) Magrepha (מַגְרֵיפָה).

Im talmudischen Schriftthum, nicht aber in der Heiligen Schrift, kommen drei Namen für die Orgel vor: מגריפה[1] (Magrepha), ארדבלים[2] (Ardablis) und הרדולים[3] (Hardules). Die beiden letzten Worte sind dieselben und nur durch Verwechslung der Guthurale א und ה und Labialen ב und ו entstanden. Das Wort selbst ist offenbar aus dem griechischen ὕδραυλος (eigentlich Wasserflöte) Wasserorgel genommen. Von dieser Orgel heißt es, dass sie nicht im Tempel zu Jerusalem war, weil ihr Gesang das Liebliche des Gesanges verdirbt.[4]) In diesem Falle ist es gewiss nicht die griechische Wasserorgel, von welcher bei Athenaeos[5]) ausdrücklich behauptet wird, dass ihr Ton „süß und ergötzend“ gewesen sei.

1) Erachin, 10 β, 11 α.
2) Jeruschalmi Succa V, 6.
3) Erachin, S. 10 β.
4) Jeruschalmi Succa V, 6: מפני שהיא סורח הנעימה.
5) Athen., l. IV, c. 23: Ἐκ τῶν γειτόνων τις ἐξηκούσθη ὑδραύλεως ἦχος πάνυ τις ἡδὺς καὶ τερπνός, ὡς πάντας ἡμᾶς ἐπιστραφῆναι θελχθέντας ὑπὸ τῆς ἐμμελείας.

Die Magrepha wird beschrieben[1]) als ein Instrument, welches zehn Löcher hatte, deren jedes zehn Töne, also zusammen hundert (nach R. Samuel 1000) Töne gab. Der Schall sei ungemein stark gewesen und soll bis zum Ölberg und noch weiter gehört worden sein.[2]) Es fragt sich, was von diesen talmudischen Nachrichten zu halten ist. Abgesehen von der lächerlichen Anzahl der Töne,[3]) die die Magrepha gehabt haben soll, ist es an und für sich nicht unmöglich, dass im Tempel eine Orgel gewesen sein könnte. Denn die Orgel war zwei Jahrhunderte vor Christus erfunden.

Die wichtigsten Bestandtheile der Orgel, die Syrinx und Sackpfeife, waren schon längst bekannt. Ktesibios[4]), ein Zeitgenosse des Ptolomäos Euergetes, benützte die Wassersäule als Regulator des Windes. (Nicht das Wasser, sondern die schwingende Luftsäule tönte.) Im römischen Reiche hatte die Orgel eine hohe Stufe der Vollkommenheit erreicht; die errungene Kenntnis gieng aber mit dem Untergang der römischen Cultur vollständig verloren und wurde erst 1000 Jahre später wieder erreicht.

Tertullian (de anima, c. 14) ruft staunend aus bei Betrachtung der Orgel: „Specta portentuosam Archimedis munificentiam, organum hydraulicum dico — tot membra, tot partes, tot compagines, tot itinera vocum, tot compendia sonorum, tot commercia modorum, tot acies tibiarum, et una moles erant omnia: spiritus qui de tormento aquae anhelat, per partes administratur, — substantia solidus, opera divinus.“

Allein, trotz der Kenntnis der Orgel in der vorchristlichen Zeit ist es doch nicht anzunehmen, dass im Tempel zu Jerusalem sich eine Orgel befand.

---

[1]) In Arachin 11, c. 1; Thamid 30, 1.

[2]) Epist. ad Dardan. Hieron. (op. ed. Mart., tom. V, p. 191): Primum omnium ad Organum . . . veniamus: de duorum elephantorum pellibus concavum conjungitur et per duodecim fabrorum sufflatoria conpensantur: per quindecim cicutas aereas in sonitum nimium, quos in modum tonitrui concitat, ita ut per mille passuum spatia sine dubio sensibiliter utique et amplius audiatur, sic apud Hebraeos de organis, quae ab Jerusalem usque ad montem Oliveti et amplius sonitu audiuntur, comprobatur.

[3]) Unsere moderne Orgel besitzt nur 56 Tasten, wie sollten denn in der jüdischen 100 oder gar 1000 Töne möglich gewesen sein? Das ist eine der zahlreichen talmudischen Kindereien. Auch die Erklärung Saalschütz' (o. c.) S. 343, wonach jedes Tonloch zehn Pfeifen gehabt hätte, taugt nichts. Wir könnten uns diese Harmonie nur ähnlich unserer Mixtur vorstellen. Von einer Harmonie scheint aber im Alterthum nichts bekannt gewesen zu sein.

[4]) Hero und Vitruv (De architectura, X, 11, 12, 13) geben uns im ganzen recht deutliche Nachrichten von der damaligen Orgel.

Sämmtliche Nachrichten der Rabbiner sind bedeutungslos gegenüber dem vollständigen Schweigen des Josephus Flavius, Philos und der Zeitgenossen, welche von diesem wichtigen und interessanten Instrumente kein Wort sagen. Sollten wir nicht erwarten, dass in den letzten Büchern das alttestamentlichen Canons irgend etwas verzeichnet wurde?

Man hat in späterer Zeit nur zu gerne alles Große und Erhabene in die Zeiten des Tempels zurückversetzt.

Pfeiffer (o. c.) glaubt das vom Talmud beschriebene Instrument für eine Pauke halten zu dürfen, die zwischen dem Vorhof und Tempel geschlagen wurde, um damit ein Zeichen zu geben, dass die Priester sich zum Gebete, die Leviten zum Gesange versammeln und die Aussätzigen zur Reinigung geführt werden sollten. Raschi sagt, dass jene Kohlenschaufel Magrepha genannt wurde, mit welcher die Asche sammt den Kohlen vom Altare weggeräumt wurde. Um sie vom Kohlenstaub zu reinigen, habe man dieselbe im Vorhofe niedergeworfen. Der Schall, durch das Gewölbe verstärkt, sei für die obgenannten Persönlichkeiten und ihre Functionen ein Merkzeichen geworden.

e) Keren, Schofar (קֶרֶן, שׁוֹפָר).

Unter den Blasinstrumenten ist öfters קרן[1]) aufgeführt. Dieses Wort kommt in den verschiedensten Bedeutungen vor. Zunächst bezeichnet es das Horn des Stieres oder auch anderer Thiere (I. Mos. XXII, 13), dann symbolisch Stärke, Kraft (Jerem. XLVIII, 25) in Verbindung mit רום, jemandem Macht und Würde verleihen (Ps. LXXXIX, 18), aber auch im üblen Sinne das Horn erheben, soviel als übermüthig, stolz werden (Ps. LXXV, 5, 6), ein Gefäß (I. Sam. XVI, 1, I. Kön. I, 39), ferner die Hörner des Altares als die hervorragenden Spitzen, die an den vier Ecken angebracht waren (III. Mos. IV, 7, 18, 25 u. a. O.). Auch die Berggipfel (Jes. V, 1), die Strahlen des Blitzes (Habak. III, 4) und der Sonne werden mit diesem Ausdrucke bezeichnet. Endlich bedeutet קרן auch ein Musikinstrument. Bei Josua (VI, 5, 8 u. a. O.) wird es mit שׁוֹפָר verwechselt und identificiert. Daher ist auch die Ansicht Calmets[2]), dass der

[1]) Eigentlich „das Feste" von קרן, fest sein, gegnüber dem weichen Fleische.

[2]) Comment. in Ps., p. 58: Tubarum generis organa uno generali nomine Hebraei designant, appellantes שׁוֹפָר. Eorum duo erant apud illos genera: haec nuncupabantur Chazozeroth, illud cornua, quod scilicet materiam et formam ex cornibus referent.

gemeinsame Name der trompetenartigen Instrumente שׁוֹפָר, die beiden Unterarten aber חצצרות (Chazozeroth) und קרן sei, nicht haltbar. Letzteres scheint vielmehr das Material und die Form von Schofar[1]) zu bezeichnen, der (wenigstens anfangs), aus einem Thierhorn verfertigt, durch die gekrümmte Gestalt sich von Chazozeroth unterschied.

Die alten griechischen Übersetzungen haben κερατίνη. aber auch σάλπιγξ. Aquila hat meistens κερατίνη. Symmachus öfter (Amos III, 6; Hosea V, 8; Is. LVIII; Ps. CL, 3). Auch „Chazozeroth" wird mit σάλπιγξ übersetzt, aber nie mit κερατίνη. Im Ps. XCVII, 6 (hebr. XCVIII, 6), wo beide Arten vorkommen, unterscheidet die LXX sehr genau ἐν σάλπιγξιν ἐλαταῖς, καὶ φωνῇ σάλπιγγος κερατίνης.

Die syrische Übersetzung hat bald ܫܝܦܘܪܐ (III. Mos. XXV, 9; II. Sam. VI, 15), bald ܩܪܢܐ (Ps. LXXXI, 2; I. Chron. XV, 29; II. Chron. XX, 28, XXIX, 28; II. Mos. XIX, 16, XX, 18). Josephus Flavius[2]) gebraucht κέρας für שׁוֹפָר. Im arabischen Texte lesen wir in der Londoner Polyglotte mehrmals بُوق, seltener قَرْن[3]). Der heilige Hieronymus[4]) sagt: „Buccina pastoralis est, et cornu recurvo efficitur, unde et proprie hebraice שופר, graece κερατίνη appelatur. Tuba autem de aere conficitur vel argento, quae in bellis et solemnitatibus concrepabant."

Ob dieses Instrument immer aus Widderhorn gemacht wurde, lässt sich weder aus der chaldäischen Übersetzung, noch aus Josephus Flavius, noch aus dem Talmud mit Sicherheit beweisen. Josephus Flavius[5]) sagt nur, dass die Hörner, welche Gedeon unter seine Krieger vertheilte, aus Widderhörnern verfertigt waren. — Die chaldäische Übertragung von Jos. VI, 5 בְּקֶרֶן הַיּוֹבֵל mit קרן דכרא und Vers 6 שׁוֹפְרוֹת יוֹבְלִים mit שופריא דקרן דכרא mag die damalige Tradition enthalten, aber deshalb muss sie nicht nothwendig richtig sein. Die LXX ist eine viel ältere Übersetzung und hat das Wort יובל mit ἀφέσεως σημασία (III. Mos. XXV, 11, 12, 13) gegeben, also Schofar und Keren als Instrumente hingestellt, wodurch das Zeichen zum Freigeben, Loslassen (von der Sclaverei) gegeben wird.

1) Manche wollen die Materia, aus welcher שׁוֹפָר gemacht, aus dem Worte selbst herleiten: שוא und פר, das was im Rinde vanum oder vacuum ist = das Horn.

2) Antiqu., l. VI, c. 5: Οἱ καὶ προσῆεσαν ἑπτὰ κέρασιν . . . σαλπίζοντες.

3) Die Rabbiner gebrauchen außer שופר auch שפור, woraus sich das arabische شُبُور erklärt. Cf. Scheipur bei Kiesewetter, De musica arab., p. 93.

4) Ad Hoseam, l. II, c. V, 8.

5) Antiquit. jud. V, c. 6, 5.

Der Talmud[1]) sagt freilich, dass יובל der arabische Ausdruck für Widder sei. Gesenius[2]) bemerkt aber, dass die arabische Sprache kein hieher gehöriges Wort habe, außer man wollte وَإِبَلَّةٌ proles camelorum et ovium oder إِبْلٌ, was aber grex camelorum bezeichnet, dazu rechnen. Auch Bochart[3]) verneint, dass Jobel der arabische Name für Widder sei. Ebensowenig kann es von Jubal den Namen haben, von dem die Heilige Schrift berichtet, dass er Kinnor und ʿUgab erfunden habe. Gesenius[4]) und G. Wolde[5]) erklären das Wort onomatopoetisch, soviel als Jubel.

Diese Erklärung ist wohl sinngemäß, etymologisch aber nicht gerechtfertigt. — Vom Jubeljahr kann Jobel noch weniger herkommen, da Jobel bereits vorhanden ist, bevor es noch ein Jubeljahr gab. Kranold[6]) stimmt der Ansicht jener bei, welche das Wort auf „יבל“ heftig, mit Geräusch strömen, zurückführen und יובל von dem starken, gleichsam weithin strömenden, hallenden Ton der Posaune verstehen, mit welcher das Jubeljahr im Lande angekündiget wurde. Für diese Erklärung spricht allerdings יוֹם תְּרוּעָה für Neumondstag des 7. Monates, der auch vom Blasen der Posaune seinen Namen führt. Allein II. Mos. XIX, 13 (בִּמְשֹׁךְ הַיֹּבֵל) und Jos. VI, 5 (בִּמְשֹׁךְ בְּקֶרֶן הַיּוֹבֵל), wo eigens das Verbum משך als Ausdruck des langgezogenen Tones beigesetzt wird, ist doch wieder gegen obige Erklärung. Wir hätten bei der Annahme, dass יובל von dem langgezogenen Ton den Namen hat, in Verbindung mit משך eine Tautologie. Vielleicht ist die Annahme Pfeiffers vorzuziehen, nach welcher יובל kein Instrument, sondern vielmehr eine bestimmte Art des Blasens besage. Im Cocceischen Wörterbuche ist die arabische Bedeutung des fraglichen Stammwortes gegeben „mit Triumph und Frohlocken einherziehen“. Diese Bedeutung gibt auch einen guten Sinn. In II. Mos. XIX, 13 wäre dann zu übersetzen: „wenn Triumph geblasen wird“ und Jos. VI, 5 „wenn die Priester auf dem Horn Triumph blasen“, ebenso Vers 7 und 8 „und die Triumphhörner sich hören lassen“, so soll das Volk ein Schlachtgeschrei erheben. Mit dem Jubeljahr würde sich diese Auffassung von selbst

[1]) Rosch haschana, c. 3, f. 26. R. Akiba sagt, als er nach Arabien gekommen sei, nannte man dort die Widder Jobel. Cf. Gem. Hieros. Berach, 13.

[2]) Gesen., Thesaur., s. v. קרן.

[3]) Bochart, Hieroz., Part. I, l. II, c. 43, p. 425.

[4]) Thesaur., s. v. יובל.

[5]) G. Wolde, De anno Hebraeor. jubil., Gӧtting. 1837.

[6]) J. G. K. Kranold, De anno Hebraeor. jubil., Götting. 1837.

vereinbaren. Wir hätten unter Jobel nicht ein Instrument, sondern eine nähere Bezeichnung der musikalischen Ausführung, die Fanfaren auf dem Schofar zu verstehen, welche später auch beim Jubeljahr in Verwendung kam.[1])

Die krumme Form des Schofar ist schon durch den Beisatz קֶרֶן angedeutet und im Talmud[2]) ausdrücklich bestätigt. Die Ägypter hatten ein Horn, das unter dem Namen Chnue[3]) bekannt war. Eustachius spricht davon in der Iliad., XVIII, v. 425, p. 1139. Es wird als hornartig gewunden beschrieben und bei den Opfern geblasen.

In Griechenland bezeichnet das Wort κέρας in erster Linie das zum Blasen eingerichtete Horn eines Auerochsen oder ähnlichen Thieres.[4]) Sehr einfache, dem Hifthorn ähnliche Abbildungen sieht man auf apulischen Vasen.[5])

Dass auch bei den Römern einstens solche Hörner im Gebrauch waren, sagt uns Varro[6]): ea (cornua) quae nunc sunt ex aere, tunc fiebant e bubulo cornu. Vegetius 3, 5 unterscheidet vier Arten von Blasinstrumenten, wie sie im griechischen und römischen Heere in Verwendung standen: 1. Tuba quae directa est; 2. buccina quae in semet aereo circulo flectitur; 3. cornu quod ex uris agrestibus argento nexum, temperatum arte spirituque canentis flatus emittit auditum; 4. der von Horaz und seinen Scholiasten her bekannte Lituus.

---

[1]) Eine andere Erklärung gibt Haneberg (Religiöse Alterthümer der Bibel, S. 691). Das hebräische Wort Jabal hat auch die Bedeutung „bringen“; ebenso heißt im Syrischen jubulo „das Herbeibringen, Reihenfolge, progenies, Tradition“. Könnte man im Anschlusse hieran dem Ausdrucke Jobel die Bedeutung „Herstellung, Wiederbringung“ geben, so hätte man einen Namen, der der Sache vollkommen entspricht. Die genaueste Übersetzung von יוֹבֵל, unter Voraussetzung der Wurzel יבל wird „Ablauf“ sein. תֵּבֵל von יבל hergeleitet, wäre der große „Ablauf“, αἰών.

[2]) Glosse z. Succa שופר כפוף buccina curva, הצצרות פשוט tuba extensa sive recta.

[3]) Jablonsky glaubt in diesem Worte, das eigentlich χωνούτ ausgesprochen werden sollte. den Namen der ägyptischen Flöte zu sehen. Die erste Silbe „χω“ sei der ägyptische Name für Flöte, welcher dem griechischen αὐλὸς entspreche; in der zweiten Silbe ούτ findet er das ägyptische Wort χωχ, welches nach Horapollon eine Stimme bedeutet, die man von weitem hört. Es wäre also χνούτ umgewandelt aus χωνύτ und bedeute eine Flöte, welche von weitem gehört werden kann, die also weithin tönet. Allein diese Ableitung entspricht nicht den ägyptischen Inschriften, denn der Name der geraden Flöte ist Mam, der der Querflöte Sebi.

[4]) Aristot., De audib., p. 802.

[5]) Auch bei Guhl und Koner, Fig. 252.

[6]) Varro, De lingua lat., 5, 117.

Anfangs mochte das Stierhorn genügt haben, später wurden im Felddienst möglichst vollkommene Instrumente eingeführt, wozu die Blechinstrumente sich mehr qualificierten, wenn auch für gewisse Gelegenheiten das alte Horn erhalten blieb.[1])

Von der Benützung dieses Instrumentes ist in der Heiligen Schrift oft die Rede, freilich war es wegen seines beschränkten Tonumfanges zur eigentlichen Kunstmusik nicht verwendbar. Aber auch sein massiver und gewaltiger Ton passte nicht zum Ensemble-Spiel mit den zarten Tönen des Kinnor und Nebel. Wohl aber eignete es sich als Signalinstrument, namentlich für weitere Entfernung vorzüglich.

Das erstemal erwähnt die Heilige Schrift dieses Instrumentes bei der Gesetzgebung (II. Mos. XIX). Ausdrücklich angeordnet ist das Blasen des Schofar zur Verkündigung des Jubeljahres (III. Mos. XXV, 9). Möglicherweise wurde am Feste des Blasens (IV. Mos. XXIX, 1) das תְּרוּעָה nicht mit den Chazozeroth, sondern durch den Schofar ausgeführt, wenigstens bedient man sich jetzt noch an diesem Festtage desselben. Sehr wahrscheinlich hat sich die Gewohnheit, am Anfange des neuen Jahres mit dem Schofar zu blasen, aus dem Befehle herausgebildet, den Eintritt des fünfzigsten Jahres durch Hornsignale auszuführen. Vielleicht darf man aus Ps. LXXXI, 4 (תִּקְעוּ בַחֹדֶשׁ שׁוֹפָר) annehmen, dass der Anfang jedes Monates durch das Blasen auf dem Schofar ausgezeichnet war.[2])

Das Horn diente also religiösen Zwecken (wie auch aus II. Sam. VI, 15; I. Chron. XV, 28; II. Chron. XV, 14; Ps. LXXXIV, 4, XCVIII, 6, CL, 3 ersichtlich ist) und auch bei der Thronbesteigung des Königs (II. Sam. XV, 10; I. Kön. I, 34; II. Kön. IX, 34). Insbesondere wird es gerne als Signalinstrument im Kriege gebraucht, sei es um das Volk aufzubieten, zu sammeln, den Feind anzugreifen oder zu verfolgen. (Richt. III, 27, Aod gegen die Moabiter; Richt. VI, 34, VII, 8 ff., Gedeon gegen Madianiter; I. Sam. XIII, 3, Saul gegen die Philister; II. Sam. II, 28, im Kampf zwischen Abner und Joab; II. Sam. XV, 10, 28, Aufruhr Absoloms; II. Sam. XX, 1, Aufruhr Sebas); bei Beschreibung des Strafgerichtes Gottes über seine Feinde, als Signal zur Rückkehr des Volkes aus der Gefangenschaft (Jes. XVIII, 3; LVIII, 1; XXVII, 13; Jerem. IV, 5, XIX, 21, VI, 1, XLII, 14, LI, 27; Osee V, 8; Ps. XLVII, 6; Job XXXIX, 24, 25).

---

[1]) Bei den Thyrrhenern war das Horn sehr beliebt (nach Pollux, l. XII, 1: κέρατι μὲν αὐλεῖν Τυῤῥηνοὶ νομίζουσι. Ebenso Athen., l. IV, p. 184, welcher ihnen die Erfindung derselben zuschreibt: Τυῤῥηνῶν ἐστὶν εὕρημα κέρατά τε καὶ σάλπιγγες).

[2]) Delitsch, Comment. z. d. Psalm., S. 542.

Wegen seines gewaltigen, weithin schallenden Tones lag es nahe, das Wort auch im übertragenen Sinne zu gebrauchen. Jesaias (LVIII, 1) straft, warnt, fordert die Sünder zur Buße mit gewaltiger Stimme gleich der des Schofar (Vulgata tuba), ebenso Jerem. (VI, 17), Ezechiel (III, 4 ff). Bei religiösen Veranlassungen wurde der Schofar wohl wahrscheinlich von Priestern oder Leviten, bei anderen Gelegenheiten aber ebenso gewiss von Laien geblasen, wie wir in der Geschichte Gedeons sehen, der jeden seiner dreihundert Begleiter einen Schofar übergab.

f) Chazozerah (חֲצֹצְרָה).

Die Trompete hatten die Israeliten ohne Zweifel schon in Ägypten kennen gelernt; sie war beim ägyptischen Heere als Signalinstrument längst im Gebrauch. Moses hatte nicht nöthig, sie erst zu erfinden, wie Josephus Flavius[1]) sagt. Die Ehre der Erfindung dieses sowie so vieler anderer Instrumente gebürt ebenfalls den Ägyptern.[2]) Den anderen asiatischen Völkern war die Trompete, wenigstens in der Form, wie man sie in Ägypten abgebildet sieht, fremd; sie findet sich auch nicht in China und nicht in Indien. Auch die Römer eigneten sich dieselbe an und zwar erhielten sie dieselbe von den Tyrrhenern, die sich derselben im Kriege bedienten.[3]) Der pelasgische Stamm der Tyrrhener hatte neben Schmuckgegenständen und allerlei Geräthen ohne Zweifel auch die Trompete von den Ägyptern überkommen.

Von den hetrurischen Tyrrhenern gieng dieses kriegerische Instrument auf die Römer über, während die Griechen ihre Salpinx den Tyrrhenern von Lemnos, Imbros und Samothrake verdanken. Ein ursprünglich griechisches Instrument ist sie nicht. Die Griechen schreiben denn auch die Erfindung der Salpinx dem Osiris zu. Im trojanischen Kriege war die Trompete noch unbekannt; denn trotz Krieg und Kriegsgeschrei geschieht der Trompete keine Erwähnung. Ihre spätere Einführung erwähnt Plutarch (De Musica, XVII).

Die Anfertigung der zwei Trompeten wird Moses befohlen in

[1]) Jos. Flav., Antiqu., l. III, 11, 5.

[2]) Dass die Form der Trompete dem Moses schon bekannt war, kann man vielleicht daraus schließen, dass Gott (IV. Mos. X) ihm befiehlt, zwei silberne Trompeten zu machen, und nur das Material und gewisse Signale mittheilt, über die Form des Instrumentes aber keinen Auftrag gibt.

[3]) Clemens Alexandr., Paedagog., II, 4: Χρῶνται γοῦν παρὰ τοὺς πολέμους αὐτῶν Τυῤῥηνοὶ μὲν τῇ σάλπιγγι. Nach Pollux IV, 10 gebrauchten sie aber auch das Horn (κέρατι αὐλεῖν) und nach IV, 7 auch die Flöte.

IV. Mos. X, 2 ff. Sie sollen aus Silberblech (כֶּסֶף מִקְשָׁה)[1]) gemacht werden.

Gewöhnlich wird der hebräische Name der Trompete von חצר abgeleitet (Peöel חֲצוֹצְרָה = die Versammlerin). In der Bedeutung des Stammwortes gehen die Meinungen auseinander. Michaelis leitet dasselbe vom arabischen حضر = praesens fuit, vierte Form praesentem sistit, adesse jussit, ab, weil die Tuba die Leute zusammenrief; andere von خضر incidit, von dem abgebrochenen, hervorgeflossenen Tone, oder خضر grünen, und vom hellen Grün auf schrilles Tönen übertragen. Gesenius nimmt das Wort onomatopoetisch von dem schmetternden Tone, ähnlich wie Ennius (Anm. 2, 35) den Ton der Trompete wiedergibt durch tara tam tara.

Die Chazozerah war zum Unterschied von dem Schofar gerade; nach der Beschreibung des Josephus Flavius ist sie mit der altägyptischen und noch jetzt gebräuchlichen abyssinischen ganz gleich. Nach Josephus Flavius war das Rohr etwas dicker als das Flötenrohr, nicht ganz eine Elle lang und hatte einen Schallbecher.[2]) Abbildungen finden sich auf jüdischen Münzen[3]) und auf dem Titusbogen. Die Chazozeroth wurden von den Priestern geblasen (VI. Mos. X, 2—10, XXXI, 6; II. Chron. XIII, 12, 14). Sie haben dieses Vorrecht auch immer ausgeübt (I. Chron. XVI, 24, XVII, 6; II. Chron. V, 12 ff., VII, 6, XXIX, 26; Esdr. III, 10; Nehem. XII, 35, 41). Nur ganz wenige Stellen kommen im Alten Testamente vor, wo sie auch von Nichtpriestern geblasen werden; so II. Kön. XI, 14; II. Chron. XXIII, 13. Ob dieselben aber vollständig den priesterlichen Trompeten gleich oder doch irgendwie verschieden waren, lässt sich nicht sagen. Die darauf blasen, werden (nach II. Chron. V, 12, 13, XXIX, 28) חצצרים genannt. Die Trompeten ge-

---

[1]) Derselbe Ausdruck מִקְשָׁה (fem. vom. מִקְשֶׁה) kommt noch vor: I. Kön. VI, 23, die Cherubim, aus Ölbaumholz geschnitzt, waren mit Goldblech überzogen; II. Mos. XXV, 31, 36, XXXVII, 17, 22; IV. Mos. VIII, 4 von dem goldenen Candelaber; Jerem. X, 5 von einer Statue; II. Exod. XXXVII, 7 von den Cherubim. — Die griechische Übersetzung hat σάλπιγγας ἐλατάς, getriebenes Silber; die syrische gebraucht den Ausdruck „nesach", gegossenes Silber.

[2]) Jos. Flav., Antiqu., l. III, c. 11: Εὗρε δὲ καὶ βυκάνης τρόπον ἐξ ἀργυρίου ποιησάμενος. Ἔστι δὲ τοιαύτη· μῆκος μὲν ἔχει πηχυαῖον ὀλίγῳ λεῖπον. Στενὴ δ' ἐστὶ σύριγξ αὐτοῦ βραχὺ παχυτέρα παρέχουσα δὲ εὖρος ἀρκοῦν ἐπὶ τῷ στόματι, πρὸς ὑποδοχὴν πνεύματος, εἰς κώδωνα ταῖς σάλπιγξι παραπλησίως τελοῦν· Ἀσώσρα καλεῖται κατὰ τὴν ἑβραίων γλῶσσαν. Cf. Galland, De tub. orig. Ugol., tom. XXXII, 386 sqq.; Büsing, De tub. Hebr.: Ilken, De tub. arg.

[3]) Relánd, Spol. templi Hieros., p. 184 sq.; Fröhlich, Anal. syr., p. 89, t. 17 sq. Die ägyptische Tuba s. Wilkinson, II, 262.; Rosellini Mon., II, III, p. 33. Cf. Spener us. Mus. in sacr. celebr. Ugolini, l. c., p. 555: Sommer, Bibl. Abhandl., I, S. 39.

hören zu den heiligen Geräthen (IV. Mos. XXXI, 6 כְּלֵי־הַקֹּדֶשׁ; II. Kön. XII, 14). Auch nach Suidas σάλπιγξ ἱερατικὸν τοῦτο τὸ ὄργανον. ἱερεῖς γὰρ ἐχρῶντο τῇ σάλπιγγι. Bei den feierlichen Gottesdiensten, den festlichen Opfern der Griechen, Römer, Tyhrrener und Ägypter bliesen Trompeter einen sogenannten Pompikos (Pollux). Im IV. Mos. X, 2—10 ist zugleich die Art des Blasens näher bestimmt. In Vers 3 und 4 ist dem Wortlaute nach das Blasen mit beiden (וְתָקְעוּ בָּהֵן) und mit einer Trompete (וְאִם־בְּאַחַת) und in den folgenden Versen in den Worten וּתְקַעְתֶּם תְּרוּעָה und תִּתְקְעוּ וְלֹא תָרִיעוּ eine bestimmte Weise des Blasens unterschieden.

Saalschütz[1]) erklärt, dass jedesmal beide Trompeten verwendet wurden, nur soll das beigesetzte באחה „in einemfort" oder „in einem lang ausgehaltenen Ton blasen" anzeigen, während das „תקע" allein das Blasen in kurzen, gestoßenen Tönen, die in bestimmten Zeiträumen wiederholt werden, bedeute. Dem Texte entsprechender ist sicherlich die Auffassung von beiden und einer Trompete. Um die Signale zu unterscheiden, dürfen wir nur annehmen, dass die beiden Trompeten ein Intervall bliesen, welches auch in weiterer Entfernung erkennbar war.

Der weitere Unterschied betrifft die Art und Weise (die Melodie) des Blasens, welche durch die beiden Ausdrücke רוע und תקע angedeutet ist. Aus unserer Stelle lässt sich, der Etymologie des Wortes רוע entsprechend, nur sagen, dass das Stammwort „unruhig sein", „lärmen" bedeute. In Verbindung mit Chazozeroth wäre demnach der Sinn „die Trompete schmetternd" blasen. Im Vers 7 wird dem Worte רוע, תקע entgegengesetzt. Daher dürfte letzteres den langgezogenen Trompetenstoß anzeigen.[2]) Saalschütz[3]) glaubt in dem heute noch in der Synagoge üblichen Blasen am Neujahrstage eine alte Tradition der in der Bibel geschriebenen Weise des Blasens zu finden. Demnach würde רוע das Schmettern der

---

[1]) Geschichte und Würdigung der Musik bei den Hebräern, S. 9.

[2]) תקע, eigentl. schlagen, plaudere manu; dann einen Nagel einschlagen, den Speer, das Schwert hineinstoßen, in die Tompete stoßen. Bei Jos. VI. 16 ist der Begriff des langgezogenen Trompetenstoßes, der im Worte תקע liegt, dadurch angezeigt, dass es mit משך synonym gebraucht wird.

[3]) Geschichte und Würdigung der Musik bei den Hebräern, S. 10. In der Synagoge sind am Neujahrstage drei verschiedene Figuren in Übung, wovon das sogenannte תקיעה (Thekiah) und תרועה (Theruah) für uns von Bedeutung sind. Beim ersteren wird die Prim vorgeschlagen, dann die Quinte ausgehalten und in der Octav geschlossen. Beim letzteren wird ebenfalls die Prim vorgeschlagen und dann der Ton der Quinte öfter hintereinander gestoßen, also schmetternd geblasen ohne Schluss in der Octav.

Trompete, das rasche Stoßen desselben Tones, תקע den langgezogenen Trompetenton bedeuten.[1])

Diese Signale dienten dazu, um das Volk oder die Fürsten zum heiligen Zelt zu versammeln; sie wurden gebraucht, um den Aufbruch des Volkes vom Lager anzuzeigen (IV. Mos. X, 5, 6), beim Auszug gegen den Feind, bei Festmahlen. Später wurden sie geblasen bei Übertragung der Bundeslade (I. Chron. XV, 24, XVI, 6, 42) in Verbindung mit dem levitischen Musikchore; nach II. Chron. V, 12 sind 120 trompetenblasende Priester (auch II. Chron. XXIX, 26—30) in ähnlicher Verbindung aufgeführt. Sie werden gebraucht bei der Grundlegung des zweiten Tempels (I. Esdr. III, 6), Einweihung der Stadtmauer (II. Esdr. XII, 35, 41), überhaupt bei öffentlichen Festen (II. Kön. XI, 14; II. Chron. XXIII, 13; I. Chron. XIII, 8, XV, 24, 28, XVI, 42; Esdr. III, 10; Ps. XCVIII, 6 u. a. O.)

Nach der Zerstörung des Tempels wurden Schofar und Chazozeroth verwechselt, was auch der Talmud tadelt (Schabb. 36, 1; Succa 34, 1): Trium rerum Nomina mutata sunt, ex quo vasta est domus sanctuarii: buccinam vocarunt tubam, et tubam buccinam. Er verwechselt sie aber selbst, indem er aus IV. Mos. X, 10 die Pflicht und Bedeutung des Schofarblasens folgert (Erachin 3 b).

Das Blasen sollte geschehen (לְזִכָּרוֹן), um das Volk vor Gott in Erinnerung zu bringen; das Geschmetter war gleichsam ein lauter Ruf zu Gott.

Im Macchabäerbuche wird öfters der Kriegstrompete statt des Hornes Erwähnung gethan. Es ist sehr wahrscheinlich, dass die Juden dem Beispiele der Griechen folgten und im Feld sich eigener Kriegstrompeten bedienten und die heiligen Trompeten nur für gottesdienstliche Zwecke gebrauchten. An manchen Stellen wie I. Macchab. IV, 40, V, 33, XVI, 8 sind offenbar die heiligen Trompeten gemeint, wie sie nach altisraelitischem Gebrauche zur Anrufung Gottes in Übung waren.

Im zweiten Tempel wurden die Chazozeroth beim Öffnen der Vorhofthore, besonders des östlichen Nicanorthores, dreimal nacheinander geblasen, um die Leviten und Stationsmänner zu ihren täglichen Functionen zu rufen, und um die Einwohner Jerusalems oder zufällig dort anwesende Fremde aufmerksam zu machen, dass der Tempel geöffnet und der Besuch desselben gestattet sei. Sie

---

[1]) Wir finden das Verbum תקע auch mit שופר verbunden: Jos. VI, 4, 8, 13, 16, 20; Richt. III, 27, VI, 34, VII, 18, 19, 20, 22; I. Sam. XIII, 3; II. Sam. II, 28, XVIII, 16, XX, 1, 22; I. Reg. I, 34, 39; II. Reg. IX, 13; Nehem. IV, 12; Zach. IX, 14; Ezech. XXXIII, 3, 6; Ps. LXXXI, 4; Jes. XVIII, 3; Hos. V, 8; Joel II, 1, 15; Jerem. IV, 5, VI, 1, LI, 27.

vertraten gewissermaßen unser Glockengeläute. Am Vorsabbath wurde das Trompetensignal am Morgen zweimal geblasen, um diesen Tag von den übrigen zu unterscheiden und das Volk an die am Abende beginnende Sabbathruhe zu mahnen. Bei den täglichen Opfern standen die zwei Priester mit Trompeten am Brandopferaltar und neben dem Tische für das Fett (שלחן חלבים), entfernt von den Sängern, und wandten sich gleich diesen dem Brandopferaltare zu. Vor Beginn des Gesanges, der vor der Darbringung des Trankopfers nicht angestimmt werden durfte, traten sie auf den Cymbalspieler zu, um sich rechts und links von ihm aufzustellen. Später wurden die drei Zwischenpausen des Gesanges mit je drei Trompetenmelodien, im ganzen neun, sowohl beim Morgen- als auch beim Abendopfer ausgefüllt. — Es wurden demnach an jedem Tage dreimal die Trompeten geblasen und dieselbe Melodie einundzwanzigmal wiederholt: dreimal in der Frühe, je neunmal beim Morgen- und Abendopfer. An den Sabbathen wurde nicht bloß beim täglichen Morgen- und Abendopfer, sondern auch bei den unmittelbar darauffolgenden Beiopfern Gesänge vorgetragen, welche aus den Cantiken des Moses (II. Mos. XV; Deuteronom. XXXII) gewählt waren, und die Zwischenpausen in ähnlicher Weise mit Trompetenblasen ausgefüllt.

3. Die Schlaginstrumente.

a) Tof (תֹּף).

Zu den ältesten in der Heiligen Schrift genannten Schlaginstrumenten gehört die תֹּף (Tof, I. Mos. XXXI, 27). Die LXX und die übrigen griechischen Übersetzer geben dieses Wort übereinstimmend mit τύμπανον; der arabische mit دُفّ (Duf), welches mit dem hebräischen Worte vollständig übereinstimmt. Der syrische Interpret gibt es immer mit ܦܠܓܐ[1]). Der arabische Name dieses Instrumentes hat sich durch die Mauren in Spanien eingebürgert, wo es Aduffa genannt wird. Bei den Franzosen wird diese Form der Trommel Tambour de Basque genannt. Bei den Arabern ist die Duf aus einem leichten Holze, dessen Durchmesser beiläufig 28 *cm* und dessen Höhe 5 *cm* beträgt. Über den Rand des Reifes ist eine Ziegen- oder Gazellenhaut gezogen. Am Reifen selbst befinden sich fünf Öffnungen, an welchen

[1]) Vgl. das griechische πλήσσω und die ältere Form πλάγω; sowie das griechische τύμπανον, welches offenbar von dem orientalischen תוף herstammt. Bochart, Hieroz., P. I, l. II, c. 49; Geogr., s. I. II, c. IV.

dünne Metallscheiben angebracht sind, welche, um ihre Achse drehbar, beim Schlagen der Pauke mittönen. Als Mirjam (II. Mos. XV) nach dem Übergang über das Rothe Meer mit anderen Jungfrauen die Aduf zur Hand nahm, wird es wohl sicherlich keine andere gewesen sein, als die in Ägypten gebräuchliche. Wir finden aber in den ägyptischen Sculpturen und Bildern zwei Arten von Handpauken. Die eine derselben ist rund, die andere viereckig mit leichter bogenförmiger Einziehung der vier Seiten. Die Handpauke ist ein leicht handliches, kleines Instrument, das (nach den Abbildungen) meist von Frauen gespielt wird. Ein schönes Exemplar befindet sich in der ägyptischen Abtheilung des Louvre-Museums. Der Gebrauch der Handpauke hat sich vom grauen Alterthum bis in die Gegenwart in Asien, Afrika, Griechenland und Italien erhalten.[1]) Auf altgriechischen Denkmälern sehen wir sie in den Händen der Bacchantinnen und der Cybelepriester.

Der Name dieser Trommel findet sich in den Hieroglyphen nicht vor, wohl aber in der koptischen Sprache, wo wir ⲕⲉⲙⲕⲉⲙ.[2]) (kemkem) lesen. Der ägyptische Bibelübersetzer hat das griechische τύμπανον stets mit diesem Ausdruck wiedergegeben.

Nach Clemens Alexandr.[3]) hatten die Ägypter auch eine Kriegstrommel. Sie hatte die Form eines hohlen Cylinders, der an beiden Öffnungen mit einer Haut umspannt war. Man findet diese Trommel meist bei den kriegerischen Darstellungen. Der Gebrauch der Trommelschlägel scheint nicht bekannt gewesen zu sein, denn sie wird mit den Händen geschlagen und mit einem Bande um den Hals getragen.

Später finden sich Modificationen, die unserer Trommel und der Kesselpauke ähnlich sind. Letztere sind von Holz oder Kupfer, auf der einen Seite abgerundet und auf der andern glatt, wo das Fell darüber gespannt ist. Sie gleichen gewissen Edelsteinen, welche Plinius Tympania nennt. Nach Niebuhr (Reiseb., Th. I, S. 180) kommen solche größere Pauken auch jetzt noch bei den Arabern vor und werden Tabbel genannt. In der Walton'schen Polyglotte kommt dieser Ausdruck neben دُقّ vor.

Nach den Berichten der Heiligen Schrift dient die Handpauke ausschließlich bei freudigen Veranlassungen, wenn wir auch nie lesen, dass sie im Tempel gebraucht wurde. Sie gibt beim Reigentanz (II. Mos. XV, 20; Richt. XI, 34; I. Sam. XVIII, 6; Jerem.

---

[1]) Arabien: Niebuhr, R. I, 180, Taf. 26; Russel NG. von Aleppo, T. 14; Harmar, III, 120 ff.; Hasselquist, R. 74 in der Berberei; Shaw, R. 178; Ägypten: Lane; Sitten und Gebräuche der Ägypter v. Zenker, II, 165 ff.

[2]) Das Wort stammt von ⲕⲉⲙ = percutere nach Rosellini, tom. III, p. II, p. 51.

[3]) Stromat., l. 2, p. 164.

XXXI, 4; Ps. XCIX, 3, CL, 4), beim Gesang (I. Mos. XXX, 27; Ps. LXXXI, 3) und Zusammenspiel mit anderen Instrumenten den Rhythmus an. Sie wird meistens von Frauen geschlagen und begleitet den Kinnor und auch Nebel bei Freudenfesten (Jes. XXIV, 8, XXX, 32; Job XXI, 12) und Hochzeiten (I. Macchab. IX, 39), beim festlichen Empfange heimkehrender, siegreicher Feldherren (Richt. XI, 34; II. Sam. XVIII, 6), ebenso beim fröhlichen Gelage (Jes. V, 12). Bei feierlichen Processionen (II. Sam. VI, 5; I. Chron. XIII, 8) wird sie auch von Männern gespielt. Wahrscheinlich war der Ton, der Festesfreude entsprechend, ein hoher und nicht dumpfer.

Wir werden uns dieses Instrument etwa in der Form zu denken haben, wie wir es in den ägyptischen und griechischen Bildern sehen. S. Isidor[1]) beschreibt sie folgendermaßen: Tympanum est pellis vel corium ligno ex una parte extensum; est enim pars media in similitudinem cribri. Suidas: Τύμπανον ἐκ δερμάτων ἐστὶ γινόμενον καὶ κροῦον ὃ κατεῖχον αἱ βάκχαι.

b) Mezilthaim (מְצִלְתַּיִם).

Von Schlaginstrumenten werden in der Heiligen Schrift noch drei weitere Namen genannt. Es sind dies:

מְצִלְתַּיִם oder צֶלְצְלִים (Zelzelim), wovon ersterer Ausdruck viel häufiger vorkommt als letzterer, der sich nur II. Sam. VI, 5 und im Ps. CL findet;

מְנַעַנְעִים (Mena'anim), das nur in II. Sam. VI, 5 und

שָׁלִישִׁים (Schalischim), das ebenfalls nur einmal, und zwar I. Sam. XVIII, 6 vorkommt.

Die Mezilthaim oder Cymbeln (talmud. צֶלְצַל von צלל, gellen, schallen, arabisch صَلَّ) dienten nach I. Chron. XV, 19 den drei Leitern des ganzen Chores zur Direction des Orchesters. Eigenthümlich ist, dass dieses Instrument nur zu gottesdienstlichen Zwecken, hauptsächlich im Tempelorchester vorkommt.[2])

Die LXX gibt die Übersetzung durchweg mit κύμβαλα; die arabische hat in Ps. CL صَنْج, das Freytag[3]) erklärt als crembala, i. e. duo crepitacula, quae inter se concussa suavi personant tinnitu.[4])

[1]) Orig. lib. 2, c. 21.

[2]) II. Sam. VI, 5; I. Chron. XIII, 8, XV, 16, 19, 28, XVI, 5, 42, XXV, 1, 6; II. Chron. V, 12, 13, XXIX, 25; Esdr. III, 10; Nehem. XII, 27; Ps. CL.

[3]) Arab.-latein. Lex., p. 351.

[4]) Haremberg, Miscell. Lips. nov., IX, p. II, p. 122 definiert: Cymbalum erat aeneus globus magnitudinis mediocris, in duo hemisphaeria divisus, quae solebant ad sonitum excitandum manibus invicem collidi.

Nach I. Chron. XV, 19 waren die Cymbeln aus Erz.[1]) Man hat מְצִלְתַּיִם unter Berufung auf Zacharias XIV, 20[2]) mit Schellen übersetzt. Die chaldäische Übersetzung hat hier כְּרוּב, welches Wort nach Buxtorf, Lex., p. 1084, clitellæ, ephippia, phalerae heißt. (Levi I, p. 384 ebenso.) Wenn auch von Seite der Etymologie gegen eine solche Bedeutung nicht viel einzuwenden wäre, so musste aber gerade an berufener Stelle wegen des nachfolgenden „קדש ליהוה“ eher an eine Platte, ähnlich jener auf der Tiara des Hohenpriesters, gedacht werden, auf welcher diese Worte standen. Die Pferde waren nicht nur mit Schellen versehen, sondern das Pferdegeschirr war insbesondere auch mit Buckeln[3]) verziert, die den Becken in ihrer äußeren Gestalt sehr ähnlich sahen. Auf diese Buckeln konnten die Worte „קדש ליהוה“ auch sicherlich leichter geschrieben werden, als auf Schellen. Übrigens hat die Heilige Schrift für Schellen (z. B. an der Tunica Aarons) ein ganz anderes Wort, nämlich: פַּעֲמֹן.

Noch weniger kann man an die in Ägypten sehr bekannten und gebräuchlichen Sistren denken. Denn diese haben mit einem Pferdegeschirr sicher nichts zu thun.

Die Tradition bestätigt die Ansicht, dass wir unter den Meziltaim Cymbeln zu verstehen haben.[4]) Unter den altägyptischen Schlaginstrumenten spielen die Cymbeln eine wichtige Rolle, sie sind den heute noch daselbst gebräuchlichen sehr ähnlich. In einem Grabe zu Theben wurden zwei Becken gefunden, die aus einer

---

[1]) Auch die griechischen Cymbeln waren aus Erz. Athen. XIV, 636, Diogenes tragic. in Semele:

Καί τοι κλύω μὲν Ἀσιάδος μιτρηφόρους
Κυβέλας γυναῖκας, παῖδας ὀλβίων Φρυγῶν,
Τυμπάνοισι καὶ ῥόμβοισι καὶ χαλκοκτύπων
Βόμβοις βρεμούσας ἀντίχερσι κυμβάλων . . .

Auch der heilige Paulus spricht wohl von denselben, wenn er I. Cor. XIII, 1 sagt, χαλκὸς ἠχῶν = aes sonans. Im Alterthum war das korintische Erz wegen seiner vorzüglichen Mischung besonders berühmt. Zachar. Callierg. in den Scholien ad Theocritum, p. 61.

[2]) Zach. XIV, 20: עַל־מְצִלּוֹת הַסּוּס קֹדֶשׁ לַיהוָה. R. David und Pagninus übersetzen mit tintinabula, welche den Pferden und Kameelen umgehangen wurden.

[3]) Dougtaeus, Anal. sacr., I, 297; Niebuhr, R. II, 154, T. 32.

[4]) Talmud, Erachin, c. 2, p. 10 b sagt, dass die צלצלים eherne Cymbeln gewesen seien, die im Heiligthume gebraucht wurden und einen angenehmen Klang hatten. Bathenora ad Schikalim, c. V, Mischnah I. Cf. Tamid, c. 3: Mischn. 8; Erachin, c. 2. Mischn. 5 sagt, dass der Dual מְצִלְתַּיִם deshalb stehe, weil das Instrument aus zwei Theilen bestehe, die zusammengeschlagen werden; ein Becken allein würde nichts nützen. Cf. die genaue Beschreibung in Schilte Haggibbor., c. VI. S. Isidor (Orig., l. 2, c. 21) beschreibt sie mit den Worten: Cymbala acetabula quaedam sunt, quae percussa invicem se tangunt et sonum faciunt.

Mischung von Kupfer und Silber bestanden; der Durchmesser der runden, in der Mitte erhöhten Platte betrug 12 *cm*. Im Centrum der Scheibe ist eine Handhabe angebracht. Fast ganz gleich sind auch die in Assyrien aufgefundenen Cymbeln. Im allgemeinen sind die orientalischen Cymbeln mehr gewölbt, als die bei uns gebräuchlichen. Im Basrelief von Kujundschik sieht man eine andere Art von Cymbeln; es sind zwei hohle Kegel (aus Erz), mit einer Handhabe versehen, die vertical, nicht horizontal wie die kreisförmigen, zusammengeschlagen werden.

In Ägypten hatte man auch cylindrische Stäbe, die oben leicht gebogen waren, als Schlaginstrument benützt. Sie waren aus Metall oder Holz und an ihrem oberen Ende hie und da verziert. Villoteau[1]) beschreibt ein aufgefundenes Bild, auf welchem sich drei Musiker befinden, von denen der eine die Harfe, der zweite die Doppelflöte und der dritte zwei große Stäbe in der Hand hält und durch das Zusammenschlagen den Takt zu markieren scheint. Dieser uralte Gebrauch, durch hellklingende Schlaginstrumente den Rhythmus anzugeben, hat sich auch bei den Griechen und Römern eingebürgert. Diesem Zwecke dienten in Griechenland die κρουπέζια oder κρούπαλα, die nach den Lexikographen ursprünglich schwere Holzschuhe waren zum Zerstampfen der Oliven. Das Krupezion war eigentlich eine Klapper, deren oberer Theil an dem Fuße des Musikers war, womit er ganz gewaltig den Takt so recht eigentlich treten konnte. In der Regel war das Material Holz, aber es gab auch solche aus Eisen.[2]) Es diente auch dem Dirigenten, um das Zeichen zum Anfange musikalischer und auch gymnastischer Wettkämpfe zu geben,[3]) bei Einübung der Choreuten und bei den Waffentänzen der spartanischen Jugend.[4]) Nach einem Berichte des heiligen Augustin[5]) wurde das Krupezion, bei den Lateinern scabellum genannt, auch in Rom gebraucht, es scheint sogar eine große Rolle gespielt zu haben, wie denn überhaupt im üppigen Rom stark besetzte Instrumentalchöre mit möglichst großem Effecte besonders beliebt waren. Daher auch Sueton „magnum tibiarum et scabellorum crepitum“ erwähnt.

---

[1]) Dissertat. sur les instrum. de musique des Égyptiens, sect. IV, art. II.

[2]) Bei Lukian, Vom Tanz, 83: σιδηροῦν ὑπόδημα.

[3]) Pollux, VII, 87, cf. X, 53. Cicero pro Coelio 65.

[4]) Lukian, Vom Tanz, 10.

[5]) De musica, l. III: Quaero ex te, utrum possint copulati sibi pedes, quos copulari oportet, perpetuum quemdam numerum creare, ubi nullus finis appareat: veluti cum symphoniaci scabella et cymbala pedibus feriunt, certis quidem numeris et his, qui sibi cum aurium voluptate junguntur, sed tamen tenore perpetuo.

Auffallend ist es, dass in den Heiligen Schriften des Alten Testamentes erst von den Büchern Samuels an der metallenen Schlaginstrumenten Erwähnung geschieht. In II. Mos. XV begleiten Mirjam und ihre Genossinnen den Gesang und den Tanz nur mit der Pauke allein. Vielleicht sind sie erst in späterer Zeit in Übung gekommen? Jedenfalls konnten die Israeliten die Becken schon in Ägypten kennen gelernt haben; ebensogut konnten sie dieselben von den Phönikern erhalten haben, da sich gerade die Cymbeln nachweisbar bei den ältesten asiatischen Völkern finden. Nach Solinus Polyhist. c. XI hat die Instrumentalmusik überhaupt ihren Anfang genommen von dem Klange des Erzes: Studium musicum inde coeptum, cum Idaei Dactyli modulos crepitu et tinnitu aeris deprehensos in versificum ordinem transtulissent.

Man darf wohl behaupten, dass aus allen Musikinstrumenten, die überhaupt aus Erz gemacht wurden, die Becken das erste waren; denn durch kein anderes werden die Töne leichter und kunstloser erzeugt, als durch dieselben. Daher die so alte und weite Verbreitung. Im griechischen und römischen Alterthume finden wir eine große Menge von Schlaginstrumenten.[1]) Im Ps. CL werden die Zelzelim durch Beisätze unterschieden: הַלְלוּהוּ בְצִלְצְלֵי־שָׁמַע הַלְלוּהוּ בְּצִלְצְלֵי תְרוּעָה. Die LXX und Vulgata übersetzen in gleicher Weise mit κυμβάλοις εὐήχοις und κυμβάλοις ἀλαλαγμοῦ (cymbalis benesonantibus und cymbalis jubilationis). Man hat unter den Zelzele Schama (hellklingende) die etwa knopfgroßen Castagnetten verstanden, welche von den Frauen beim Tanze an je zwei Finger einer Hand gesteckt und geschlagen werden; bei den Zilzele Theruah aber an die großen, dumpfrauschenden Cymbeln gedacht. Da derlei Castagnetten bei Tänzern heute noch im Gebrauche sind,[2]) glaubte man in dieser Sitte eine Bestätigung dieser Ansicht zu finden.[3]) Josephus Flavius[4]) spricht nur von den größeren Cymbeln; κύμβαλά τε ἦν πλατέα καὶ μεγάλα χάλκεα.

c) Menaʿanim (II. Sam. VI, 5) nimmt man gewöhnlich für Bezeichnung eines Schüttelinstrumentes, wozu sowohl das hebräi-

---

[1]) Die Namen einiger solcher sind: Crotala, Krumata, Platage (Platagonion), Oxybapha (das wahrscheinlich harmonische Töne umfasste und aus irdenen Gefäßen bestand; ὀστράκινα nennt es Suidas, und dürfte unserer Glasharmonika ähnlich gewesen sein. Bellerman Anonym., § 17), Rhombon, Krembala, Bakylion u. a. Cf. Frider. Adolph. Lampe, Dissertat. de cymbalio veterum. Ugolini thesaur., t. XXXII, p. 867—1092. Ambros, Gesch. d. Mus., I. B., S. 494.

[2]) Niebuhr, R., Th. I, S. 184.

[3]) Cf. Jahn, Häusliche Alterthümer, I, § 105; Pfeiffer, Mus. d. Hebr., S. LV; Saalschütz, Mus. b. d. Hebr., § 57.

[4]) Antiqu. jud. VII.

sche Stammwort (נוע), als auch der griechische Name in der Vulgata „systra“ (σεῖστρα von σείεσθαι), sowie die Ansicht der Rabbiner stimmt. Wir hätten also das in Ägypten beim Isisdienst zur Verscheuchung[1]) des Typhon gebrauchte Instrument zu verstehen.

Apulejus[2]) beschreibt den Gebrauch des Systrums bei der Feier der Cybele: Dextera quidem gerebat aureum (aereum?) crepitaculum, cujus per angustam laminam in modum balthei recurvatam, trajectae mediae paucae virgulae, crispante brachio trigeminos jactus, reddebant sonum.

Das Systrum bestand aus zwei dünnen, nach oben zusammengebogenen Eisenplatten, durch deren Löcher Metallstäbe lose hiengen, die durch Schütteln des Instrumentes vermittelst eines unterhalb angebrachten Handgriffes ein Geklingel verursachten. Abbildungen von diesem Instrumente mit einem Katzenbild oben und Metallstäbchen in Schlangenform finden sich auch in den Katakomben.

Wenn auch derartig verzierte Instrumente bei den Israeliten gewiss nicht vorkamen, werden wir uns die Mena'anim doch in ähnlicher Weise zu denken haben.[3])

d) Ob nun unter den שָׁלִישִׁים (Schalischim) ein Systrum mit drei Stäben, oder mit einem Stab und drei losen Ringen, oder ein Triangel, der mit einem Stäbchen geschlagen wird wie bei unseren Musikkapellen, zu verstehen ist, lässt sich schwer entscheiden. Nach Athenaeus l. IV, p. 175 stammt der Triangel aus Syrien und ist mit der türkischen Feldmusik zu uns gekommen. Andererseits denken alte Übersetzungen (LXX und Peschito) an Cymbeln. Der Gebrauch eines derartigen dreieckigen Schlag- oder Schüttelinstrumentes lässt sich im Alterthum nicht nachweisen. Der Name deutet auf ein Instrument, welches mit der Dreizahl (שלש) irgendwie in Beziehung stand. Keinesfalls aber wird an das Trigonon oder an die Pandura mit drei Saiten (Buxtorf) zu denken sein, da diese Saiteninstrumente waren.

[1]) Plutarch, De Isid., c. 63; Juv. 13, 93 etc.; Jablonsky, op. I, 306 sqq.; Wilkins. I, 260; II, 323, Taf. 35.

[2]) Auch Haremberg, Saalschütz, Hebr. Poesie, 345.

[3]) Sieh Abbildung im Anhange.

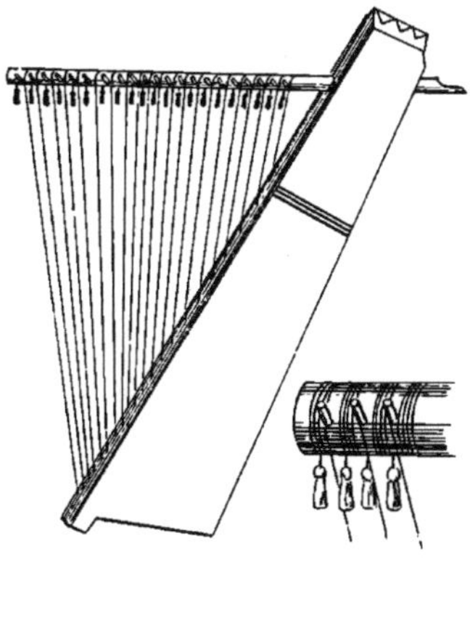

2

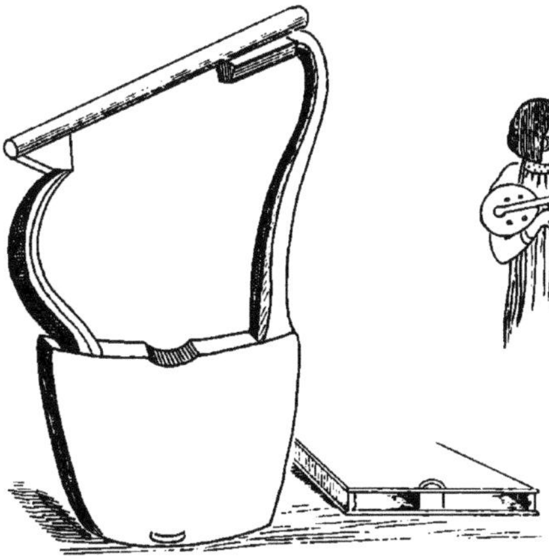

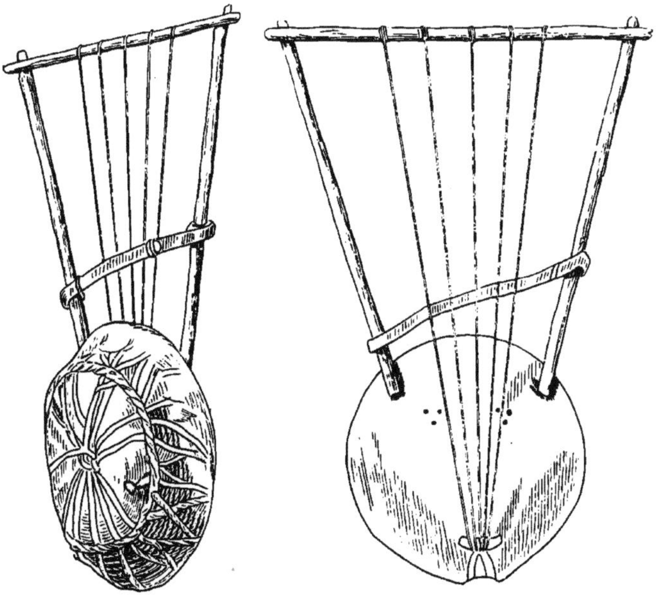

Berberische Lyra.

Assyrische Harfe, Pesanterin (?) Kithara.

Griechische Kitharen u. Harfe.

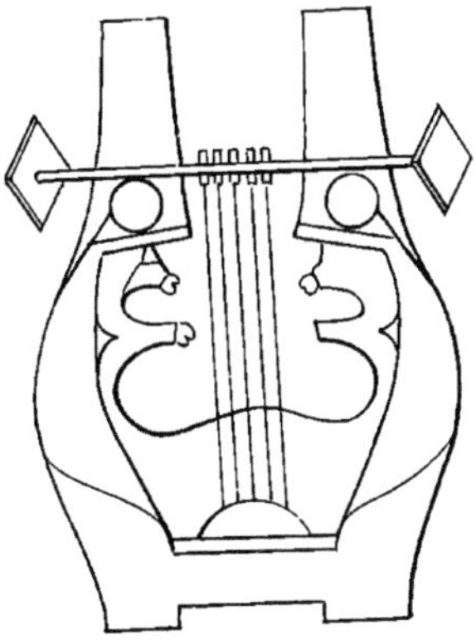

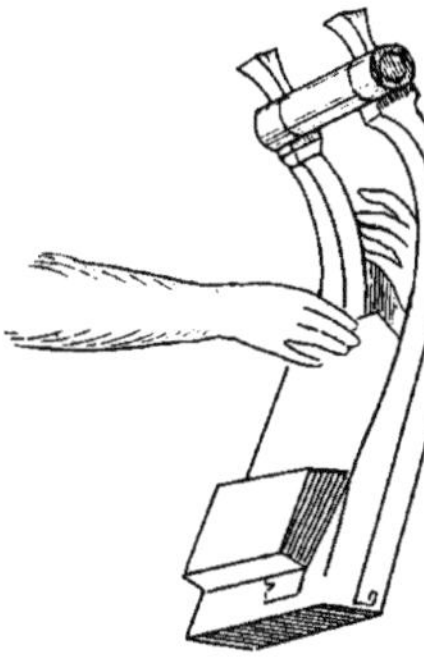

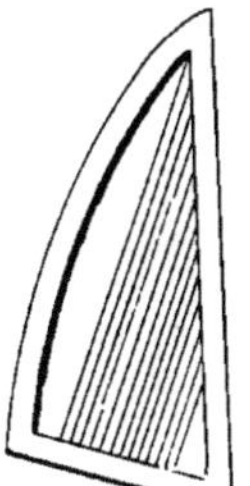

Sambuca (?)

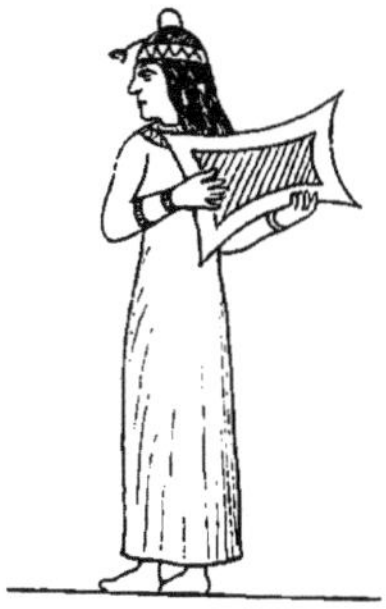

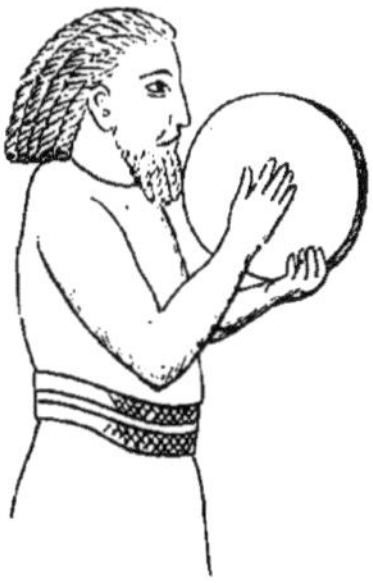

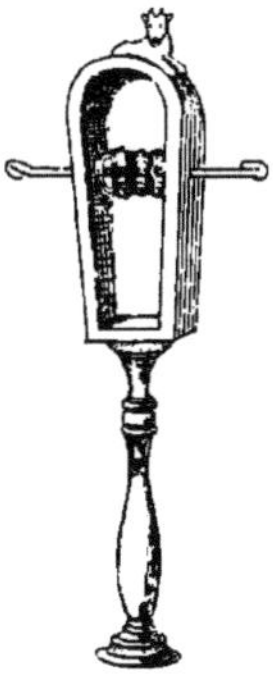

Jüdische Münzen.

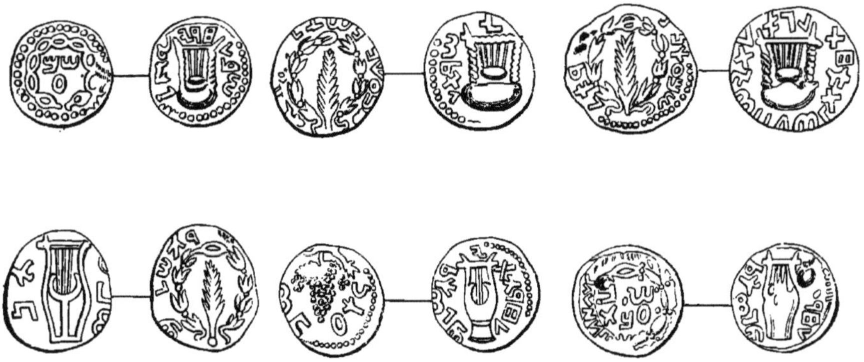

BERICHT

ÜBER DAS

STUDIENJAHR 1894/95

AN DER

CARL-FRANZENS-UNIVERSITÄT

IN GRAZ

ERSTATTET VON DEM ZURÜCKTRETENDEN RECTOR

HOFRATH PROF. DR. A. ROLLETT.

Hochgeehrte Anwesende, werte Collegen, liebe Commilitonen!

Ein Studienjahr reich an wichtigen Ereignissen für die Entwicklung unserer Universität, wie selten eines, liegt hinter uns.

Eröffnet haben wir es in dem altersgrauen Hause in der Bürgergasse und am Franzensplatze, wo vor 300 Jahren und etwas darüber die von Erzherzog Karl gestiftete und von seinem Sohne Ferdinand reichbeschenkte und erweiterte Hochschule installiert wurde.

Gewiss lange genug ist es im Wandel der Zeiten den wechselnden Bedürfnissen der sich in immer neue Geschichts- und Lebensphasen hineingestaltenden Hochschule erhalten geblieben.

Zuletzt noch weit länger, als es der Entwicklung der Wissenschaften entsprechend war.

Bald wird es der Geschichte angehören. Schon im laufenden Studienjahre zieht eine Generation von Jünglingen in dieses neue Haus, welche keine Ahnung mehr hat von den großen Misständen, die im alten Universitätsgebäude herrschten. Nur unseren älteren Schülern und uns Professoren wird die Freudigkeit des Arbeitens, des Lernens und des Lehrens in den hohen hellen Räumen unserer neuen Universität noch erhöht, wenn uns dabei einmal die Erinnerung an das enge, beschränkte, luft- und lichtarme Einst beschleicht.

Und dennoch muss ich hier in alter Treue auch dieser vergangenen Zeiten gedenken. Der lebendige Geist wissenschaftlicher Forschung für die Erweiterung der menschlichen Erkenntnis, die Haltung im Sinne der großen Principien der akademischen Freiheit, das Verständnis der großen Aufgaben einer deutschen Hochschule, die Quellen des Wissens immer reichlicher fließen zu machen und die sich ihr vertrauenden Jünger zur Schulung und Bildung von Geist und Charakter durch das Aufbieten ihrer ganzen persönlichen Kraft erfolgreich anzuleiten, kurz alle die mächtigen Antriebe, welche unsere Universität ihrem inneren Wesen nach, namentlich seit ihrer Vervollständigung zu wahrer Universitas litterarum, also in den letzten drei Decennien, zu immer schönerer Blüte brachten, sie müssen mit uns eingezogen sein in unser neues Heim, um sich nur noch mächtiger, tiefer und ausgreifender zu entfalten.

Lassen sie mich darum, obwohl ich nicht im einzelnen und in erschöpfender Weise eingehen kann auf die wissenschaftliche Thätigkeit der Lehrer unserer Hochschule im abgelaufenen Studienjahre, auf die von denselben gelesenen Collegien und abgehaltenen Übungen, doch hier an erster Stelle darauf hinweisen, dass wir auch im abgelaufenen Studienjahre eifrig bemüht waren, den Ruf unserer Hochschule als Stätte wissenschaftlicher Forschung und Lehre zu erhalten und zu vermehren.

In diesem Streben reichten sich alle unsere Facultäten die Hände.

Veränderungen in den Lehrkörpern der einzelnen Facultäten sind für das abgelaufene Studienjahr nur wenige zu verzeichnen.

Die medicinische Facultät verlor infolge einer Berufung nach Prag den ordentlichen Professor der Chirurgie Dr. Anton Wölfler, der, solange er der unsere war, durch seine wissenschaftliche Thätigkeit und durch die Anziehung, welche er als Lehrer ausübte, sich um unsere Facultät große Verdienste erwarb.

An seine Stelle wurde gemäß dem Vorschlage der Facultät Hofrath Dr. Karl Nicoladoni, bis dahin an der Innsbrucker Universität, ernannt. Ein Chirurge von großem Rufe, den wir freudigst in unserer Mitte begrüßen.

Als Privatdocenten habilitierten sich im abgelaufenen Jahre: an der juridischen Facultät Dr. Hans Sperl für Civilprocess und Verfahren außer Streitsachen, seine Habilitationsschrift behandelt die „Succession in den Process“; an der medicinischen Facultät Dr. Johann Loos für Kinderheilkunde und Dr. Adolf Sachsalber für Augenheilkunde, der erstere legte eine Abhandlung: „Die Tetanie der Kinder und ihre Beziehung zum Laryngospasmus“ als Habilitationsschrift vor, der letztere eine Abhandlung: „Beitrag zur Drusenbildung im Sehnervenkopfe“; an der philosophischen Facultät Dr. Eduard Martinak, Professor am II. k. k. Staatsgymnasium für Philosophie, seine Habilitationsschrift handelt über „Die Logik John Locke's“.

Die außerordentlichen Professoren an der medicinischen Facultät Dr. Otto Drasch und Dr. Adolf Jarisch erhielten den Titel und Charakter von ordentlichen Professoren, die Privatdocenten derselben Facultät Dr. Anton Bleichsteiner und Dr. Ludwig Ebner den Titel von außerordentlichen Professoren.

Regierungsrath Professor Dr. Anton Schönbach wurde

zum correspondierenden Mitgliede der kaiserlichen Akademie der Wissenschaften in Wien gewählt und die Wahl mit allerhöchster Entschließung vom 7. August 1895 bestätigt.

Glücklich schätze ich mich, dass ich einer traurigen Aufgabe enthoben bin, die sonst fast alljährlich den abtretenden Rector trifft.

Kein actives Mitglied unserer Lehrkörper wurde im abgelaufenen Jahre von der unerbittlichen Hand des Todes aus unserem Kreise weggefordert, keines habe ich zu beklagen.

Dennoch wehte auch vom Giebel des neuen Universitäts-Gebäudes schon einmal die Trauerfahne.

Sie galt aber einem schon fast zwei Decennien im Ruhestande gewesenen Collegen der juridischen Facultät, dessen Leben sich glücklich, weit über die Lebensgrenze des Psalmisten, bis in die hohen Achtzigerjahre, erstreckte. Es war der von seinen Schülern hochgeehrte Lehrer des Strafrechtes und der Rechtsphilosophie, Regierungsrath Professor Dr. Franz Weiß. Vom Jahre 1842 bis 1845 Adjunct Professor von Hye's an der Wiener Universität, kam er im letztgenannten Jahre als ordentlicher Professor nach Olmütz von wo er 1855, nach Aufhebung der dortigen Universität, als ordentlicher Professor an die Grazer Universität übersiedelte, bis er 1876 in den Ruhestand trat. Sein Tod, gerade in dem Jahre, wo wir unsere neue Universität bezogen, rief umso lebhafter die Erinnerung wach, dass Franz Weiß der Rector des Jahres 1863 war, und dass er bei der in jenem Jahre am 15. November in Gegenwart des Staatsministers von Schmerling, unseres großen Meisters Karl von Rokitansky und vieler hoher Würdenträger und der Theilnahme aller Gesellschaftskreise von Graz begangenen Feier der Eröffnung der eben vervollständigten Universität auf alle, welche dabei waren, durch sein verständnissinniges, temperamentvolles und von jugendlicher Begeisterung getragenes Wesen einen fesselnden Eindruck ausübte. Ich lasse ihn am besten selber reden, indem ich aus seiner Inaugurations-Rede von damals die prophetischen Worte anführe, die er der alma mater in den Mund legte: „Der heutige Tag ist der Tag meiner Vollgeburt, ich sehe nun nicht mehr mit Trauer nach meinen bevorzugten Schwestern aus, fühle mich nicht mehr beengt und gelähmt in der Entfaltung meiner Lebenskraft und habe fürder kein Bangen für mein Dasein."

Und die neue Facultät, für deren Zustandekommen er in der vorausgehenden Zeit mit die rührigste Thätigkeit entwickelte, begrüßte er mit den Worten: „Möge sie nun fließen, frisch und segensvoll die neueröffnete Wissensquelle. Möge ihr Thau benetzen den Geist zahlreicher Jünger, auf dass sie niedersteigend in den oft so bitteren Kampf mit den Gebrechen und dem Mühsal des Erdenlebens ihre Wirksamkeit entfalten zum Troste und Wohle der leidenden Menschheit. Jede gelungene That ein Sieg der Wissenschaft — ein Blatt zum Ehrenkranze unserer medicinischen Facultät."

Jener 15. November 1863, der Geburtstag unserer wahren Universitas litterarum Graeciensis, war aber für Franz Weiß selbst der schönste Ehrentag und er wird es immer bleiben, so oft wir uns an ihn erinnern.

Indem ich nun zur Frequenz unserer Universität im abgelaufenen Studienjahre übergehe, habe ich mitzutheilen, dass dieselbe im Wintersemester 1894/95 von 1552, im Sommersemester von 1368 Studierenden besucht war.

Davon waren Theologen für je einen der beiden Semester einmal 95 dann 90, Juristen 606 und 591, Mediciner 702 und 556, Philosophen 149 und 131.

Der Nationalität nach waren im Wintersemester 959 Deutsche, 234 Italiener, 185 Serben und Croaten, 96 Slovenen, 30 Čechen, 21 Polen, 14 Magyaren, 5 Ruthenen, 4 Rumänen und 11 Angehörige anderer Nationalitäten. Im Sommersemester blieb das Verhältnis ein ganz ähnliches.

Strenge Prüfungen zur Erlangung des Doctorgrades wurden abgelegt an der theologischen Facultät 7, an der juridischen Facultät 237, an der medicinischen Facultät 220, an der philosophischen Facultät 14.

In Bezug auf die stattgehabten Promotionen habe ich ein seltenes Ereignis hervorzuheben. Nur dreimal hatte die Grazer Universität seit ihrer Vervollständigung im Jahre 1863 das Ehren-Doctorat verliehen. An Moriz von Kaiserfeld, den unvergesslichen steierischen Politiker und Patrioten, an Anastasius Grün, der ebenso wie seinen Dichternamen auch den des Staatsmannes Anton Alexander Grafen von Auersperg in die Herzen aller Österreicher einschrieb, und an den heimischen Dichter Karl Gottfried Ritter von Leitner. Gelegentlich des 25jährigen Jubiläums Sr. Excellenz des Freiherrn Guido Kübeck von Kübau als Statthalter von Steiermark fasste nun unsere juridische Facultät den Beschluss, den allverehrten Herrn Statthalter jenen glänzenden Namen anzureihen durch die Promotion zum Doctor juris honoris causa wegen der unvergänglichen Verdienste, welche sich Freiherr von Kübeck während der Zeit seiner Statthalterschaft um das Land Steiermark und insbesonders um die Universität Graz erworben hat. Nachdem die für diesen Beschluss nothwendige kaiserliche Bestätigung mit allerhöchster Entschließung vom 22. Juli 1895 herabgelangt war, wurde unter Intervention des Rectors und des Decans der juridischen Facultät vom Promotor Herrn Hofrath Bischoff Sr. Excellenz das Doctor-Diplom überreicht, worauf Se. Excellenz das seinen uns theueren Namen tragende Blatt der juridischen Promotions-Matrikel unterzeichnete.

Der Gnade einer promotio sub auspiciis Imperatoris erfreute sich im abgelaufenen Jahre der Herr Statthalterei-Concepts-Praktikant Johann Zolger aus Windisch-Feistritz. Dieselbe fand unter Intervention des Herrn Statthalters Freiherrn von Kübeck als erste in der neuen Aula nach dem üblichen Ceremonial statt.

Promoviert wurden außerdem im abgelaufenen Studienjahre zu Doctoren: 1 Theologe, 63 Juristen, 76 Mediciner und 7 Philosophen. Das Magisterium der Pharmacie erwarben 21. Ferner wurden 23 Diplome an Hebefrauen verliehen.

Was die wissenschaftliche Ausgestaltung unserer Universität und ihrer Lehrkanzeln betrifft, so habe ich das Folgende anzuführen. Neu errichtet wurde im abgelaufenen Studienjahre das Institut für Hygiene. Schon im vorausgehenden Jahre war es durch Berufung des Professor Dr. W. Prausnitz aus München gelungen, einen tüchtigen Vertreter dieses wichtigen medicinischen Faches zu gewinnen. Aber erst mit Erlass vom 20. December 1894, Z. 22.363, bewilligte das Unterrichts-Ministerium die Einrichtung eines hygienischen Institutes in Räumen der alten Universität, welche kurz zuvor noch das geologische Institut, das Rectorat, die Quästur und die Decanate der theologischen und philosophischen Facultät beherbergten. Es enthält dieses Institut ein bakteriologisches, ein chemisches, ein physikalisches und ein Schüler-Laboratorium, einen Hörsaal und noch weitere Versuchszimmer, Werkstätten und Arbeitsräume, und wurde ihm eine besondere Einrichtungsdotation und eine Jahresdotation bewilligt.

Es ist dieses Institut in den betreffenden Räumen nur provisorisch untergebracht; wo es definitiv untergebracht werden soll, ist nun auch entschieden und ich werde darüber gleich berichten.

Vorerst habe ich noch eines anderen für die medicinische Facultät wichtigen Ereignisses des abgelaufenen Studienjahres zu gedenken.

Lange schon beabsichtigt bekanntlich das Land Steiermark, das Landeskrankenhaus in Graz, in welchem seit der Errichtung der medicinischen Facultät im Jahre 1863 unsere Kliniken und das Institut für pathologische Anatomie untergebracht sind, aus der Stadt auf längst erworbene Gründe an der Peripherie zu verlegen.

In den dort aufzuführenden Krankenhaus-Neubau sollen auch die Kliniken aufgenommen werden.

Ein völlig ausgearbeiteter Plan für diesen Neubau, in welchem auch die Kliniken und zwar nach den von den klinischen Lehrern aufgestellten und von der medicinischen Facultät gut geheißenen Anforderungen aufgenommen waren, bildete die Grundlage von Verhandlungen zwischen dem Lande und der Staatsregierung über den vom Staate zu leistenden Beitrag für den Neubau der Kliniken.

Leider wurde nun der nach diesem ersten Projecte vom Staate geforderte Beitrag als zu hoch befunden.

Um aber nun in dieser für die medicinische Facultät hochwichtigen Angelegenheit doch einmal vorwärts zu kommen, hat das h. Unterrichts-Ministerium in dankenswerter Weise im October 1894 den Herrn Ministerial-Secretär Dr. Kelle zu mündlichen Verhandlungen über diese Angelegenheit nach Graz entsendet.

Diese Verhandlungen fanden unter Intervention von Vertretern der Statthalterei, des Landes Steiermark, des Rectors der Universität, des Decans der medicinischen Facultät und der sämmtlichen betheiligten klinischen Professoren statt.

Sie hatten insoferne ein Ergebnis, als von dem Vertreter des Unterrichts-Ministeriums als Beitrag des Staates für die klinischen Neubauten der Betrag von 800.000 fl. fixiert wurde, und der Staat die Verpflichtung anerkannte, dass er außerdem für den Neubau des pathologisch-anatomischen Institutes bei dem Krankenhause aufzukommen habe.

Man einigte sich auf dieser Basis unter Zusammenwirken des Landesbauamtes und der klinischen Professoren, ein neues Project ausarbeiten zu lassen.

Es wäre sehr zu wünschen, dass diese Arbeiten, bei welchen die klinischen Professoren und die medicinische Facultät immer eifrig bemüht sein müssen, die Interessen der medicinischen Forschung und des medicinischen Unterrichtes zu wahren, nunmehr in ein beschleunigtes Tempo gelangen möchten.

Noch erfreulicher gestaltete sich eine andere für die Universität hochwichtige Angelegenheit.

Es wurde seinerzeit, als auf Grund eines vom Lande Steiermark in munificenter Weise gemachten Darlehens von 800.000 fl. an den Neubau des Universitäts-Gebäudes geschritten wurde, bald erkannt, dass diese Summe unzureichend ist, wenn, wie es ursprünglich geplant wurde, auch die Institute der theoretisch-medicinischen Fächer in den Neubau aufgenommen werden sollen.

Und darum ließ man sie bei der Entwerfung des Planes für unser jetziges Universitäts-Hauptgebäude unberücksichtigt, ja es stellte sich später noch heraus, dass es auch erforderlich erscheint, noch einzelne naturwissenschaftliche Institute der philosophischen Facultät nicht im Universitäts-Hauptgebäude unterzubringen.

Als nun der Neubau des Hauptgebäudes zu Ostern 1894 seine Vollendung für däs nächste Jahr versprach, unterließ es die medicinische Facultät nicht, alles aufzubieten, um zu erwirken, dass unmittelbar nach Vollendung des Universitäts-Hauptgebäudes auch an den Neubau der noch fehlenden Instituts-Gebäude geschritten werden möge. Sie überreichte zu dem Ende ein Promemoria an Se. Excellenz den Minister von Madeyski und suchte und fand die Unterstützung ihrer Bitte bei Sr. Excellenz dem Statthalter Freiherrn von Kübeck, dem ehemaligen Landeshauptmanne und damaligen Handelsminister Grafen Gundaker Wurmbrand, bei dem Landeshauptmanne Edmund Grafen von Attems, dem steiermärkischen Landesausschusse, insbesonders dem Herrn Dr. Alexander Wannisch, und bei den steiermärkischen Reichsraths-Abgeordneten, insbesonders bei dem Herrn Grafen Karl Stürgkh und dem Herrn Ingenieur Hugo Skala.

Die so eingeleitete und mächtig unterstützte Agitation hatte den günstigsten Erfolg.

Bald nach Eröffnung der V. Session der VII. Landtagsperiode des steiermärkischen Landtages im December 1894 gelangte infolge von Vereinbarungen zwischen dem Herrn Statthalter und dem Landesausschusse an den steiermärkischen Landtag ein Bericht des Landesausschusses mit dem Antrage auf Gewährung eines neuen Darlehens von 900.000 fl. an den Staat zum Behufe des Ausbaues der k. k. Universität Graz durch Errichtung zweier neuer Instituts-Gebäude auf dem geräumigen Bauplatze beiderseits des Bibliotheks-Tractes, in welchem 9 Universitäts-Institute, nämlich die medicinischen Institute für allgemeine und experimentelle Pathologie, für Histologie und Embryologie, für Pharmacologie und Pharmacognosie, für Hygiene, für gerichtliche Medicin und für medicinische Chemie, ferner die philosophischen Institute für Zoologie und Zootomie, für Mineralogie und für Phytopaläontologie untergebracht werden sollen.

Über diesen Antrag des Landesausschusses wurde in der

Sitzung des steiermärkischen Landtages vom 12. Februar 1895 auf Grund eines Berichtes des Finanzausschusses verhandelt und wurde derselbe einstimmig angenommen. In der Debatte war es dem Rector gegönnt, auf die lange fortleuchtende historische That hinzuweisen, als welche ein solcher Beschluss sich darstellt, und darauf, dass die Universität voll und ganz ermisst, was dadurch für sie Großes geleistet wird, und wie und wodurch die Universität Graz immer bestrebt sein müsse und solle, die große Dankesschuld abzutragen, in der sie steht zu dem Lande, welches einzig unter den Ländern Österreichs dem Staate für die Ausgestaltung seiner Universität 1,700.000 fl. vorgestreckt hat.

Die Folge des Landtagsbeschlusses war, dass ein Gesetz, betreffend die Aufbringung der Mittel zur Herstellung von weiteren wissenschaftlichen Instituts-Gebäuden für die Universität in Graz als Regierungsvorlage an die beiden Häuser des h. Reichsrathes gelangte. Dieses Gesetz wurde von beiden Häusern angenommen und erhielt mit allerhöchster Entschließung vom 14. August 1895 die Sanction der Krone.

In dieses Gesetz erscheint auch noch die Errichtung eines zehnten, des botanischen Institutes, miteinbezogen.

Ich glaube, dass die Ordnung dieser Angelegenheit eine der größten in meine Rectoratszeit fallende Errungenschaft der Universität ist und dass wir in dieser feierlichen Stunde dankbaren Herzens der großmüthigen und weittragenden Förderung durch Land und Staat gedenken, die wir damit erfahren haben.

Möge nun, was finanziell gesichert und in den Plänen entworfen, mit Berücksichtigung eines dringenden Wunsches, welchen die Universität in Bezug auf die Platzfrage des botanischen Institutes noch haben muss, bald auch baulich vollendet und dem Dienste der Wissenschaften übergeben, vor unseren Augen stehen.

Und nun muss ich noch das Ereignis besprechen, welches dem abgelaufenen Studienjahre seine Signatur verlieh, die Übersiedlung der Universität in ihr neues Heim, und das Ereignis, welches über das abgelaufene Studienjahr den höchsten Glanz verbreitete, die Schlusssteinlegung und die feierliche Eröffnung des Hauptgebäudes der Universität durch Se. Majestät unseren allergnädigsten Herrn und Kaiser.

Schon im Juli des Jahres 1894 wurde die Übersiedlung der Universität in den Neubau für den October desselben Jahres den Beginn des Studienjahres 1894/95 in Aussicht genommen. Allein wie es bei der Finalisierung großer Staatsbauten oft zu gehen pflegt, dass die Wünsche den wirklichen Erfolgen vorauseilen, so war es auch hier.

Im October war die Übersiedlung nicht möglich und man gieng ans Hoffen für den 1. oder 15. November, wieder vergebens. Es war das eine Zeit der größten Widerwärtigkeiten für den Rector, dessen Inauguration sich während dieses Hangens und Bangens bis zum 6. December hinausschob.

An diesem Tage fand sie statt wie in vielen Jahren zuvor auch wieder im entliehenen Redoutensaale. Das Ceremoniell war das bis dahin immer gebräuchliche und wurde an diesem Tage auch die von Professor von Meinong verfasste Festschrift für das Jahr 1894/95: „Psychologisch-ethische Untersuchungen zur Werttheorie" vertheilt.

Schon zwei Tage nach dieser Inauguration, am 8. December, erließ aber das Unterrichts-Ministerium einen Auftrag, auf welchen gestützt der Rector zu Neujahr 1895, nachdem während der Weihnachtsferien der Plan dazu gemacht war, die Übersiedlung der Rectorats- und Decanats-Kanzleien und der Quästur in den Neubau möglichst rasch bewirkte und die weitere Abhaltung der Vorlesungen der theologischen, juridischen und philosophischen Facultät, bei der letzteren mit wenigen Ausnahmen, in den Hörsälen der neuen Universität anordnete.

Es gehörte einiger Muth zu dieser Durchführung. Zwar waren damals die Decanate und die Sitzungszimmer der Collegien, die Quästur und das Secretariat, in welchem provisorisch auch das Rectorat untergebracht werden musste, und die Hörsäle für die Benützung wenigstens zum größten Theile hergestellt.

Aber wie sah es noch aus in den Corridoren, im Vestibule, im Hofe, wie in der Aula, im Senatssaale und im Rectorate, wo nur die nackten rohen Mauern fertig waren und eben die Stuckarbeit an den Decken im Gange war. Anstatt unserer schönen heutigen Hauptthore die leeren Bogen mit rauhen Laden verschalt, den Eingang mussten wir durch das nördliche Seitenthor nehmen über ein Terrain, welches man sich heute angesichts der glatten Rasenparterre mit ihren Blumenbeeten und der Rampe vor der Universität kaum mehr in die Erinnerung zurückrufen kann.

Erd- und Sandhügel, Haufen von Ziegeln und Bruchsteinen lagen dort, der Boden, selbst noch ungeebnet, mit Erhöhungen und Einschnitten versehen, in welchen sich Regen und Schnee sammelten und über welche Nothstege von Brettern führten. Nur ein

Elementar-Ereignis, vor dem uns aber der gütige Himmel immer bewahren möge, könnte einen solchen Zustand wiederbringen.

Es war ein kleines Wagnis diese Übersiedlung, welche im Kreise der Angehörigen der Universität eine sehr verschiedene Beurtheilung erfuhr. Heute wird es aber anerkannt werden müssen, dass sich eine wesentliche Störung des Unterrichtes dadurch nicht ergab und dass diese Übersiedlung, die später in launiger Weise auch unser Occupationsfeldzug genannt wurde, ein mächtiger Impuls für den rascheren Fortschritt der Vollendungsarbeiten im Hauptgebäude war.

Neben diesen Arbeiten wurde aber auch an der Vollendung des Bibliotheksgebäudes rüstig gearbeitet, so dass auch die Bibliothek, die nachfolgen musste, noch während der großen Ferien des Jahres 1894/95 in das Neugebäude übersiedelt werden konnte. Eine Arbeit, welche der vom h. Ministerium dazu bestimmte Herr Custos Wilhelm Haas in sehr dankenswerter Weise mit der größten Energie durchführte, so dass bald nach der Eröffnung des laufenden Studienjahres das Ausleihegeschäft und die Benützung der Bücherschätze wieder möglich wurden.

Dem rascheren Fortschreiten der Vollendungsarbeiten im Hauptgebäude nach der zu Neujahr 1895 bewirkten Übersiedlung der Universität war es zu danken, dass das Rectorat schon am 11. April 1895 in der glücklichen Lage war, bei der h. steiermärkischen Statthalterei um die Erwirkung einer Audienz bei Sr. Majestät dem Kaiser für den Rector und die Decane der vier Facultäten anzusuchen, welche den Zweck haben sollte, Se. Majestät zur feierlichen Schlussteinlegung und Eröffnung des neuen Hauptgebäudes der Grazer Universität allerunterthänigst einzuladen.

Es ist in unser aller dankbarsten Erinnerung, dass Se. Majestät der Kaiser diese Deputation gemeinsam mit einer solchen des steiermärkischen Landesausschusses und der Grazer Gemeinde-Vertretung am 29. April 1895 auf das huldvollste empfieng und sein Erscheinen bei der feierlichen Eröffnung der Grazer Universität in der gnädigsten und entschiedensten Weise zusagte.

Diese allerhöchste Entschließung war ein neuer, ein überaus mächtiger und letzter Impuls für den raschen Fortschritt der Vollendungsarbeiten im Hauptgebäude.

Und sie waren gediehen, als der hohe Ehrentag anbrach, den die Universität am 4. Juni 1895 erlebte.

Es ist in einem besonders erschienenen amtlichen Berichte des Rectorates erzählt, wie dieser Kaisertag der Grazer Universität durch das Zusammenwirken von Lehrern und Studenten vorbereitet und in Scene gesetzt wurde, und kann ich darum hier auf diesen Bericht verweisen.

Geschart um die erhabene Person des Monarchen, verklärt durch die Huld und Gnade desselben, feierte die Universität in Gegenwart der höchsten Würdenträger des Staates, des Landes und der Stadt, von Abgeordneten aller österreichischen Schwester-Universitäten und in Gegenwart zahlreicher anderer Ehrengäste aus allen Gesellschaftskreisen unserer Stadt, verschönt von einem Kranze hoher und edler Damen, und uns akademischen Lehrern lieber und werter Frauen, ein Fest — herrlich in seinem akademischen Gewande, zur Freude aller Theilnehmer und der ganzen Bevölkerung unserer Landeshauptstadt.

Wir wurden darum beneidet im guten und im bösen Sinne.

Leider ist die letztere Spielart immer vorhanden gewesen und will nicht verschwinden von der Erde. Goethe hat sie wunderbar gezeichnet:

—, wo was Rühmliches gelingt,
Es mich sogleich in Harnisch bringt.
Das Tiefe hoch, das Hohe tief,
Das Schiefe grad, das Grade schief,
Das allein macht mich gesund;
So will ich's auf dem Erdenrund.

„Faust“, II. Theil.

Ich unterdrücke alle weitere Erinnerung daran.

Wir wollen uns vielmehr erheben durch die Erinnerung an die huldvollen und bedeutsamen Worte, welche Se. Majestät unser allergnädigster Kaiser bei diesem Feste sprach:

„Der Rückblick auf die Gründung der altehrwürdigen Karl-Franzens-Universität“, so lauteten die kaiserlichen Worte, „und auf die Bestrebungen Meiner Vorfahren, die Grundlage und den Umfang dieser Pflanzstätte des Wissens zu festigen und zu erweitern, erhöht Meine Befriedigung, dass es Mir beschieden war, längst gehegte Wünsche und Hoffnungen erfüllt zu sehen.

„Die warme Begrüßung, welche Mir an diesem für die Hochschule hochwichtigen Tage“ — hier müssen Sie mir erlauben, eine mich persönlich beglückende hohe kaiserliche Anerkennung für mich zu bewahren — „mit so erhebenden patriotischen Worten dargebracht wird, entspricht Meiner Zuversicht, dass die Zukunft reichen Lohn bringen wird für einiges Zusammenwirken und beharrliches Streben nach Erreichung der vorgesteckten erhabenen Ziele. Und so will Ich denn mit Freude in diesen schönen Bau den letzten Stein fügen mit dem Wunsche, dass die Eröffnungsfeier noch fernen Geschlechtern Zeugnis gebe von der patriotischen Begeisterung, die heute Lehrer und Jünger um Mich vereint."

Auf denn, Commilitonen, und erheben wir uns alle, bethätigen wir unsere von dem erhabenen Monarchen hervorgehobene Gesinnung aufs neue. Ich fordere Sie auf, mit mir einzustimmen in den Ruf: Der mächtige Beschützer und huldreiche Förderer unserer Universität, Se. Majestät unser allergnädigster Kaiser Franz Joseph lebe hoch, hoch, hoch!

Und nun übergebe ich meinem hochgeehrten Amtsnachfolger diese goldene Kette, das Zeichen der höchsten Würde unserer Hochschule, zu der mich das hochehrende Vertrauen der Collegen im Laufe der Zeiten dreimal berufen hat.

Lassen Sie mich dabei den aus innerster Seele und tiefstem Herzensgrunde kommenden Wunsch aussprechen, dass alle ihre Träger zu allen Zeiten von dem einen Gedanken beseelt sein mögen: Alles für die Ehre, für das Ansehen, für die Größe und für die Blüte unserer alma mater Carola-Francisca!